Andrea Baumgartl

Auftanken statt Ausbrennen:

Elf effektive Strategien gegen den Burnout

Jede Menge Tatsachen, Tankstoff
und zündende Ideen für Menschen aus kreativen
und anderen Berufen mit Brennwert

Auftanken statt Ausbrennen:
Elf effektive Strategien gegen den Burnout

Titelillustration: Andreas Krabec, www.ark-seminare.de
Gestaltung: Sabine Perlinger, www.pool-x.de

Bezugs- und Kontaktadresse: www.mein-zeitraum.de

ISBN 978-3-00-023573-3
1. Ausgabe, Januar 2008

Für meine geliebten Weggefährten
Andreas und Christine,
die in allen Lebenslagen, -fragen und -plagen
geduldig, offen und vor allem bei mir bleiben.

Und für alle anderen, die mich ermutigen,
unterstützen und von denen ich lernen darf.

Inhalt

Am Anfang: Geschichten, die das Leben schrieb

Liebe Leserinnen und Leser,

vor einigen Tagen führte ich ein höchst interessantes Gespräch mit meinem Steuerberater. Ich muss vorneweg sagen, dass Roland kein typischer Vertreter seiner Gattung und für mich seit Jahren vor allem deshalb ein Mysterium ist, weil er scheinbar genau das hat, was ich nicht habe: innere Ruhe und allumfassende Gelassenheit. Um mit Roland in Kontakt zu kommen, brauche ich grundsätzlich mindestens drei Anläufe. Warum? Weil es stets ein wenig Glück bedarf, ihn in hiesigen Gefilden zu erhaschen. Wann immer es ihm seine Zeit erlaubt – und davon scheint er reichlich zu haben – wandelt er wahlweise in Nepal, cruist mit einem alten Auto durch Nordafrika oder ist irgendwo sonst, wo ihm das Leben Spaß macht. Zwischendurch arbeitet er und sammelt Geld als Mitglied eines Unternehmensberatungsteams und als Steuerberater für vorwiegend kreative Kleinstunternehmer wie mich. Und zwar reichlich. Mittlerweile hat Roland ein Haus gebaut, ein Kind gezeugt und bestimmt längst auch ein Bäumchen gepflanzt. Roland hat also alles erreicht, was sich ein Mann wünschen kann. Der frappierende Unterschied aber zu den klassischen Lebensgeschichten dieser Art: die Mühelosigkeit, die Roland ein ständiger Begleiter ist.

Ich bin sicher, Roland glaubt an sich und seine Fähigkeiten. Außerdem ist er zweifellos ein perfekter Lenker seiner Geschicke, der einerseits nichts dem Zufall überlässt und andererseits auch nicht gleich in Panik verfällt, wenn die Geschäfte einmal nicht so gut laufen und seine lukrativen Unternehmensberatungsjobs gerade ausbleiben. Roland ist für mich der perfekte Lebenskünstler. Ein Mensch, der sich und seine Kapazitäten respektiert, sich nach getaner Arbeit genüssliche Erholung gönnt und das Leben liebend gerne nimmt, wie es ist – lebhaft.

Vor einigen Tagen also traf ich Roland nach wie immer drei vergeblichen Terminvereinbarungen endlich einmal wieder. Ich erzählte ihm von meinem eigenen Burnout, von meiner Recherche zum Thema und von meinen Coaching-Plänen, die ich vor allem Burnout-gefährdeten Menschen widmen wollte. Und siehe da: Roland wusste einiges zum Thema zu sagen. Er, der ja wie erwähnt, vorwiegend Kreative – will heißen Grafik-Designer und Texter – in Sachen Steuern betreut, kennt etliche „Fälle" aus der Welt der Werbung.

Er erzählte mir von einem freiberuflichen Grafiker, der mittlerweile so unsicher, ängstlich und nervlich angeschlagen ist, dass er sich nicht mehr zutraut, auf neue Kunden zuzugehen. Ein anderer Bekannter aus der frei- und schöngeistigen Gilde schafft es seit Jahren nicht mehr, ohne erheblichen Alkoholpegel zur Ruhe zu kommen, geschweige denn einzuschlafen. Und wieder ein anderer leidet seit Jahren unter Depressionen, gegen die scheinbar auch die konventionelle Therapie nicht ankommt.

Mein Lebensgefährte, tätig in einem psychiatrischen Krankenhaus, berichtet immer häufiger von Burnout-Patienten aus kreativen und anderen Berufen mit Brennwert. Und ich selbst, die ich als Betroffene sehr um die Unterstützung gefährdeter Persönlichkeiten bemüht bin und meine eigenen Erlebnisse zunehmend nach außen trage, bekomme überraschend viel Resonanz:

Erst kürzlich habe ich eine langjährige Freundin, eine ehemals lebenslustige und taffe Frau und ebenfalls Grafik-Designerin, wieder getroffen und erfahren, dass sie, die seit einem Jahr in einer neuen Agentur arbeitet, zwischenzeitlich immer häufiger grundlos in Tränen ausbricht und zunehmend Gefühle der inneren Leere und Sinnlosigkeit verspürt.

Eine andere Bekannte, einst sehr erfolgreiche Grafikerin, mutete sich trotz höchster Anspannung und laufender Kränkeleien auch noch ein Kind zu und fühlt sich jetzt mit allem völlig überfordert: das Kind ist schwierig, die Beziehung bröckelt und an Arbeit ist trotz Existenzangst nicht mehr zu denken.

Eine weitere Freundin, Inhaberin einer kleinen Werbeagentur, berichtete mir, dass sie vor einigen Jahren – wie ich zuletzt – bei der Fahrt im Auto ab und zu mit dem Gedanken spielte, das Lenkrad bei hoher Geschwindigkeit kurz nach rechts zu reißen und dem ganzen Stress ein Ende zu bereiten.

Was ich euch, liebe kreative oder andererseits ausgebrannte Mitwisser und -leider damit sagen will? Ich möchte euch mitteilen, dass es auch andere gibt, denen es so geht wie euch. Ihr seid keine Ausnahmen und längst nicht so absonderlich, wie ihr in diesem Moment, in dem ihr euch selbst nicht mehr wieder erkennt und ganzheitlich an euch zweifelt, vielleicht glaubt. Ihr seid einfach ausgebrannt. Nicht mehr und nicht weniger. Aber das ist noch nicht alles.

Ihr könnt euer Feuer erneut entfachen und künftig trotzdem unversehrt bleiben – wenn ihr euch erst einmal den Tatsachen stellt: Ihr habt viel geleistet, seid häufig über eure Grenzen gegangen, habt gearbeitet bis zur Erschöpfung und Ideen produziert wie am Fließband. Euer Lohn war vielleicht das Geld, der Erfolg im Job – und dennoch wurde eure immense Schaffenskraft vermutlich nie richtig honoriert. Vor allem nicht von euch selbst. Jetzt ist Zeit für eine neue Zeit, bestimmt durch eure eigenen Arbeitsbedingungen und Kraftkapazitäten. Akzeptiert eure Grenzen, erkennt eure Bedürfnisse und startet wieder durch! Doch erst einmal: Erholt euch!

Ich wünsche euch regenerierende Anregungen beim Schmökern dieses Buches und in Zukunft ein kreatives Leben mit Leichtigkeit!

Herzliche Grüße,
Andrea Baumgartl

P.S.: Wer Lust auf Feedback hat, kann gerne mailen an andrea.baumgartl@mein-zeitraum.de.

Wo keine Flamme, da kein Feuer: Was bedeutet „Burnout“?

In der einschlägigen Literatur wird Burnout als Zustand beschrieben, der aus einer chronischen Überforderung heraus resultiert. Diese kann von außen kommen – durch Anforderungen, die der Beruf, die Familie, die Partnerschaft oder das Umfeld an sich stellt. Oder auch von innen, als spürbare Folge der eigenen, hohen Wertmaßstäbe und Ideale. Auf der psychischen Ebene erlebt man das als übermäßigen Druck, fortwährende Belastung und eben pausenloses Angespanntsein. Auf der physischen Ebene manifestiert sich der Vorgang in einem überdurchschnittlich hohen Pegel an Stresshormonen, die dazu führen, dass erneute Stressauslöser sensibler wahrgenommen und vom Körper verstärkt umgesetzt werden.

Man brennt nicht von heute auf morgen aus. Es handelt sich hier um einen Prozess, der sich meist über einen längeren Zeitraum, über Jahre hinweg anbahnt und sich erst dann in bedenklichen Befindlichkeiten äußert, wenn man sämtliche Warnsignale geflissentlich übersieht oder schönredet. Tatsächlich ist Verleugnung die zentrale Triebkraft des Burnout. Man arrangiert sich mit misslichen Umständen und bleibt hingebungsvoll passiv in Situationen, in denen man schon „irgendwie merkt“, dass sie einem nicht (mehr) gut tun.

Typische Selbstzüchtigungen:

» Andere schaffen das doch auch!
» Früher habe ich das doch auch mit Links hingekriegt!
» Mein Gott, jetzt stell‘ dich mal nicht so an!
» Bald hast du Urlaub, da wirst du doch die paar Aufträge noch schaffen.
» Nachtarbeit muss ab und zu sein – so ist die Branche eben.
» Bis zur Messe halte ich noch irgendwie durch, dann wird es ja wieder ruhiger.
» Sei froh, dass du überhaupt Arbeit hast. Andere sitzen auf der Straße.

Das aus meiner Sicht Wichtigste ist, dass man sich auf dem Weg des Ausbrennens meist

a. mit sich selbst in früheren Situationen, beispielsweise am Beginn der beruflichen Laufbahn
b. mit Kollegen, die vermeintlich belastbarer, ideenreicher und schneller sind
c. mit völlig Fachfremden, die scheinbar mit Leichtigkeit leben und dabei jede Menge Geld scheffeln

vergleicht und seine eigene Leistung und Befindlichkeit daran misst. In Wahrheit beginnt eine Lücke zu klaffen zwischen dem, was man gerne nach außen darstellen oder erreichen möchte (z. B. kreative Höchstleistung, höchst flexible Dienstleistung, materieller Erfolg) und dem, was man eigentlich braucht und leisten kann. Man vergisst über den angestrebten Zielen quasi seine eigenen Bedürfnisse. Sei es aus „Betriebsblindheit" („...das habe ich schon immer so gemacht, das war schon immer so....") oder aus blindem Ehrgeiz („...das wird von mir erwartet und ich gebe sogar noch mehr, um allen zu beweisen, wie toll ich bin...").

Bildhaft ausgedrückt:

Stellt euch vor, wir Menschen wären Fässer, angereichert mit Quellwasser, das es uns ermöglicht, aus dem Vollen zu schöpfen. Jedes Fass ist anders. Es gibt große und kleine Fässer mit entsprechendem Wasservolumen, gewandet in unterschiedliches Material, dick- oder dünnhäutig. Einige glänzend von außen und innen porös. Andere außen hart und innen weich. Jede geforderte Leistung zehrt am Wasserpegel. Um auf Dauer in Top-Form zu bleiben, müssen wir zusehen, dass wir einerseits unser Fass pflegen und andererseits neu auftanken können. Doch viele vergessen – weil sie ja permanent angezapft werden und sich anzapfen lassen – dass ihre innere Quelle nicht unerschöpflich ist. Und viele übersehen auch, dass sich die Fass-Kapazität, das „Fassungsvermögen", im Laufe der Zeit, auch des biologischen Lebensalters, ändern kann. Diese Menschen gestehen sich nicht ein, dass jede Quelle eines Tages versiegen kann. Sie wachsen zunächst über sich hinaus, obwohl die Anstrengung vielleicht größer wird. Um dem zunehmend niedrigeren Wasserstand noch einige inspirierende und kraftvolle Einflüsse abzugewinnen, machen sie weiter wie bisher. Es soll ja schließlich keiner merken, dass das scheinbar so mühelose Sprudeln allmählich nur noch mit harter Arbeit zu Tage gefördert werden kann. Und irgendwann ist das Fass einfach leer, kein Tropfen mehr übrig.

So jedenfalls kann ich mir den Burnout – jenseits aller wissenschaftlichen Formulierungen – am besten vorstellen: als stetigen Prozess, in dem man seine eigenen Grenzen ignoriert und sich seine Bedürfnisse versagt hat. Als Fass, in dem die Energieabflüsse höher sind als die Energiezuflüsse und in dem sich der Energiepegel nicht mehr auf Dauer auf einem erträglichen Niveau halten lässt, sondern mit steter Regelmäßigkeit gen Fassboden abnimmt.

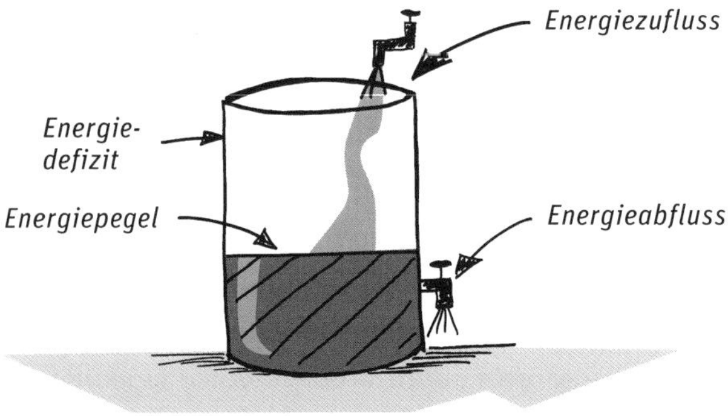

Burnout unwissenschaftlich, aber verständlich: Die Analogie „vom Fass"

Für mich selbst hat sich im Laufe der Zeit eine frappierende Wende in meinem Denken ergeben, die mich allmählich hellhörig werden ließ. Während ich zu Beginn meines freiberuflichen Schaffens als Texterin immer das Gefühl hatte, für diesen Spaß auch noch gut Geld zu bekommen, hatte ich am Schluss das Gefühl, dass mir diese enorme Anstrengung kein Mensch mehr angemessen bezahlen könne. Meine Einstellung und mein Empfinden hatten sich komplett geändert. Was einst Leidenschaft war, hat schließlich Leiden geschafft. Und zwar jede Menge.

Spirale ohne Ausweg: Die Symptomatik des Burnout.

Burnout ist in erster Linie ein seelisches Problem, das sich, wie eingangs schon erwähnt, aus der fortwährenden Ignoranz der individuellen Bedürfnisse und Fasskapazität ergibt. Man strapaziert sich bis aufs Äußerste, gibt Ultimatives von sich und glaubt dennoch, dass man vergleichsweise zu wenig leistet bzw. dass diese Art der Belastung einfach erwartet wird und „man da durch muss". Sieht man also langfristig über die seelischen Warnsignale – fehlende Motivation, schwindenden Elan und überzufällig häufig empfundene Sinnlosigkeit – hinweg, sucht sich der Raubbau an unseren Reserven ein anderes Ventil. Wenn der Burnout körperlich zu Buche schlägt, kann schließlich niemand mehr darüber hinwegsehen, dass etwas nicht stimmt. Man wird die Aufmerksamkeit zwangsläufig auf die Beschwerden und damit auf den Mangel im eigenen Fass richten müssen, ob man nun will oder nicht.

Insgesamt sind über 130 Anzeichen für das Phänomen Burnout bekannt.

Die häufigsten somatischen Begleiterscheinungen des Burnout:

» Chronische Müdigkeit
» Schlafsucht
» Schlaflosigkeit
» Mangelnde Entspannungsfähigkeit
» Häufige Erkältungen
» Chronische Rückenschmerzen
» Belastungsschmerzen
» Migräneanfälle
» Magenschmerzen
» Verdauungsprobleme
» Gefäßerkrankungen
» Herz-/Kreislaufbeschwerden
» Tinnitus
» u. v. m.

Ich bin überzeugt, dass jeder Burnout-gefährdete Mensch schließlich das Symptom bekommt, das ihm zusteht. Was ich damit meine ist, dass sich der Masochismus, dem wir uns über Jahre hinweg verschreiben, letztendlich auf die individuelle Weise Ausdruck verschafft, die wir verstehen.

Bei mir selbst war es die chronische Erschöpfung, die es mir letztlich jeden Tag ein wenig schwerer fallen ließ, überhaupt aufzustehen oder den vor mir liegenden Ereignissen – seien sie beruflicher oder privater Natur – irgendetwas Positives abzugewinnen. Alles schien mir schließlich viel zu viel und völlig sinnlos. Ich kam mir vor wie ein Hamster im Rad. Es ging irgendwann nur noch darum zu funktionieren und zwar möglichst so, dass keiner von meinem Zustand Wind bekam.

Dieses Funktionieren aber kostete mich immer mehr Kraft und Anstrengung. Ich versuchte, trotz abnehmendem Wasserpegel im Fass, irgendwie durchzuhalten und räumte mir, wenn ich das Gefühl hatte, meine Fassade nicht mehr aufrecht halten zu können, einen „Joker" ein. Dieser Joker in Form eines kurzfristig anberaumten Krankheitstages wollte aber immer öfter aus dem Ärmel gezogen werden. Dabei wurden die Verpflichtungen, Aufträge zu texten und Termine wahrzunehmen, aber nicht weniger und manchmal ließen sie sich einfach keinen Tag länger aufschieben.

Das Gefühl, diese Anstrengungsspirale durchbrechen zu müssen, aber aus selbst auferlegtem Pflichtgefühl und Loyalität nicht zu können, machte mich mürbe. Irgendwann erkannte ich die dringende Notwendigkeit, die Bremse zu ziehen. Aber meine Wertvorstellungen standen mir im Wege. Ich wollte flexibler, fleißiger und verlässlicher Dienstleister sein. Und was tat ich unter dem Strich? Statt einer Sache dienlich zu sein, im Sinne von **mit meinen Kunden partnerschaftlich auf ein Ziel hinzuarbeiten und dennoch meine Rahmenbedingungen geltend zu machen,** versklavte ich mich selbst. Zu meiner chronisch fortschreitenden Erschöpfung, die mir jeden neuen Auftrag ein wenig schwerer fallen ließ und in Verbindung mit meinen perfektionistischen Leistungsansprüchen beständig an meiner Fass-Substanz nagte, gesellten sich schließlich zu allem Überfluss auch noch gefährliche Zweifel und Ängste.

Die berühmten „Was ist, wenn …?"-Fragen stellte ich mir ab dem Moment, in dem ich merkte, dass ich so nicht mehr lange weitermachen konnte, quasi von früh bis spät.

Was ist, wenn...- Fragen, die Existenzängste schüren und zum Weitermachen animieren:

» Was ist, wenn meine Kunden merken, dass ich am Rande der endgültigen Erschöpfung angelangt bin?
» Was ist, wenn ich wirklich ausfalle, wenn ich mein Durchhaltevermögen nicht mehr willentlich beeinflussen kann?
» Was ist, wenn ich die Kontrolle über mich verliere und schließlich gar nicht mehr arbeiten kann?
» Was ist, wenn ich wirklich eine Auszeit nehmen muss – werde ich den Wiedereinstieg hinbekommen?
» Was ist, wenn ich meine Existenz nicht mehr sichern kann? Was werde ich dann tun? Wie und wovon soll ich nur leben?

Mit der von Tag zu Tag steigenden Anspannung, die aus der schon erwähnten, klaffenden Lücke zwischen beruflichen Anforderungen und persönlichen Notwendigkeiten resultierte, büßte ich Stück für Stück mein Selbstbewusstsein ein. Ich verlor den Glauben an meine Stärke, das Wissen um meine Fähigkeiten und die Zuversicht, dass sich schon alles zum Guten wenden würde, wenn ich mir nur genügend Ruhe zugestünde. Diesen Zustand kann ich mir heute nur so erklären: Ich war am Boden meines Fasses angekommen und trug ihn allmählich ab. Damit nahm ich mir die Grundlage meiner Existenz und lud haufenweise Existenzängste in mein Leben ein.

Die Ruhepausen, die ich so sehr nötig hatte, gönnte ich mir zwar in Form von Urlauben, die aber letztlich das Fass auch nicht mehr auffüllen konnten. Ich vertröstete mich an schlimmen Tagen mit der Aussicht auf eine kurze Auszeit in Kürze. Wenn sie dann vorüber war, hatte ich nicht das Gefühl, wirklich erholt zu sein. Und genau das verbindet viele Burnout-gefährdete Menschen, so unterschiedlich die Symptome auch sein mögen, wie ich heute aus Gesprächen mit Betroffenen weiß: Man bekommt sein Fass mit einzelnen herkömmlichen Maßnahmen und Strategien , die vielleicht früher einmal halfen, einfach nicht mehr voll. Zumindest nicht auf Dauer.

Mit hohem Tempo Richtung Stillstand: Die Phasen des Burnout

Ich will bereits an dieser Stelle betonen, dass es – trotz der umfassenden Hoffnungslosigkeit, die man auf der Strecke des Burnout erlebt – Hoffnung gibt. Denn man kann dem Prozess an vielen Stellen Einhalt gebieten. Vorausgesetzt, man durchbricht die Verleugnung seiner eigenen Bedürfnisse und sieht sich an, was tatsächlich Sache und im Augenblick wirklich wichtig ist. Aber dazu komme ich später noch im Detail.

Jetzt geht es erst einmal darum, eine grobe Standortbestimmung vorzunehmen und euch in einer der folgenden, von mir komprimiert dargestellten und selbst erlebten, typischen Burnout-Phasen und den dazugehörigen Statements zu orten.

Die Psychodynamik des Burnout:

1) Starker Leistungseinsatz und überdurchschnittliche Leistungsbereitschaft in Verbindung mit eigenen oder fremd auferlegten Ansprüchen, Idealen, Werten

» Ich will das schaffen, schließlich wird das von mir verlangt.
» Ich muss das schaffen, das ist in der Branche üblich.
» Ich will allen beweisen, wie kreativ und belastbar ich bin.
» Ich überzeuge meine Kunden durch überdurchschnittliche Flexibilität, Loyalität und Kreativität – das sind eben meine USPs!
» Ein Auftrag bis morgen? Klar geht das! Ich arbeite auch nachts und am Wochenende, damit ich nicht „nein“ sagen muss und eventuell Kunden verliere.

2) Zunehmende Verdrängung der eigenen Bedürfnisse, da diese in Konflikt mit den Ansprüchen, Idealen, Werten (siehe Phase 1) stehen

» Ich habe schon wieder einen Auftrag übers Wochenende. Eigentlich bräuchte ich Ruhe, aber ich konnte nicht ablehnen. Der Kunde wartet darauf.
» Ich soll das bis heute Nachmittag machen? Dann sage ich eben einen privaten Termin ab, schließlich geht der Job vor.
» Ich bräuchte einmal wieder drei Wochen Urlaub. Aber so lange kann ich unmöglich weg bleiben, schließlich findet für Kunde X bald die wichtigste Messe des Jahres statt.
» Um diese Imagebroschüre zu gestalten, bräuchte ich mindestens eine Woche Denk- und Arbeitszeit. Aber der Termin ist schon übermorgen, das bekomme ich schon irgendwie hin.

3) Verleugnung der Probleme, die aus dem Konflikt entstehen

» Ich bin total ausgelaugt. Aber ich brauche das Geld.
» Mir setzt der Termindruck immer mehr zu. Aber so war das eben schon immer.
» Ich finde die langen Arbeitszeiten immer anstrengender.
Aber das wird schon wieder werden, ich habe es ja bisher auch hingekriegt.
» Ich fühle mich zwar erschöpft, aber irgendwie brauche ich den extremen Stress, erst dann bin ich so richtig leistungsfähig.
» Ich bin dauernd erkältet und komme kaum mehr an die Luft vor lauter Arbeit. Das wird schon wieder anders werden.
» Ich brauche nur ein paar Tage Urlaub, dann geht es mir wieder gut.

4) Der Wasserspiegel sinkt, die Erschöpfung steigt – die generelle Belastung nimmt zu und führt zu Vernachlässigung des sozialen Lebens

» Mir wird alles zu viel. Wenn das Telefon zuhause klingelt, gehe ich nicht mehr hin.
» Ich sage immer mehr private Termine ab. Das Wochenende brauche ich für mich.
» Mist, ich habe schon wieder einen Geburtstag vergessen. Ich denke nur noch an die Arbeit.
» Mein Job erfüllt und fordert mich so sehr, ich brauche momentan nichts anderes mehr.
» Selbst mein Briefkasten ist mir egal. Ich leere ihn nur, wenn er überquillt.
» Auf meinem Schreibtisch stapeln sich Rechnungen. Ich habe keine Zeit und Energie, mich darum zu kümmern.

5) Selbstzweifel, Entfremdungsgefühle, empfundene Sinnlosigkeit und Zukunftsängste steigern sich zur Depression

» Ich kenne mich nicht mehr wieder. All meine Lebenslust ist weg. Mir macht gar nichts mehr Spaß.
» Früher fiel mir alles so leicht. Heute ist mir das meiste zu viel.
» Ich kann so nicht weitermachen, aber ich kann auch nicht aufhören. Ich weiß nicht mehr weiter.
» Ich kann nicht mehr schlafen, weil ich Angst habe, meine Jobs nicht mehr auf die Reihe zu kriegen. Meine Gedanken wirbeln pausenlos.
» Ich darf gar nicht an die Zukunft denken. Ich befürchte, dass irgendwann gar nichts mehr geht.
» Ich kann den Ansprüchen, die der Job an mich stellt, nicht mehr gerecht werden. Aber ich finde auch keine Alternative. Ich habe keine Perspektive mehr.
» Ich will nur noch schlafen. Ich kann nicht mehr.

Frühestens für die zweite Phase des Prozesses findet ihr in diesem Buch ein paar wichtige Tipps, die sofort wirken. Spätestens in der fünften Phase solltet ihr euch Hilfe suchen – kompetentes Coaching, Psychotherapie und natürlich, sofern ihr ernsthafte körperliche Beschwerden habt, geht bitte zum Arzt!

Ich selbst war in Sachen Verleugnung meiner Problemsituation äußerst hartnäckig. Meine eigenen Ideale – das Bild, das ich nach außen darstellen wollte – gingen mir über alles. Und ich verteidigte sie, wie ich nur konnte. Wenn mir also ein nahe stehender Mensch den Spiegel vors Gesicht hielt und mich auf meine größer werdende Lebensunlust und Erschöpfung ansprach, dementierte ich beispielsweise mit den Worten: „Ich kann meine Kunden nicht im Stich lassen, sie verlassen sich auf mich." Gerne konstatierte ich auch: „Du kennst dich in der Werbebranche nicht aus. Flexibilität wird einfach verlangt." Oder, wenn die Diskussion zur ernsthaften Auseinandersetzung wurde, kommentierte ich giftig: „Was willst du mir schon raten. Du hast schließlich einen sicheren Job. Wenn ich meinen Kunden sage, dass ich Unterstützung brauche, weil ich das alles nicht mehr schaffe, hole ich mir Konkurrenz ins Boot. Da müsste ich ja ganz schön blöd sein!"

Wie ein Tier, das sich in die Ecke gedrängt fühlt, biss ich zunehmend um mich. Nur leider biss ich quasi die falschen Personen und machte die Menschen zumindest vorübergehend zu Gegnern, die nun wirklich nichts dafür konnten. In Wahrheit war ich selbst mein größter Feind. Denn ich ließ es zu, dass meine Kräfte schwanden und zwang mich selbst, meine Bedürfnisse zu ignorieren. Bis ich nicht mehr länger wegsehen konnte.

Falsche Freuden und Freunde: Die Wegbegleiter des Burnout.

Was ich am Ende des leidvollen Weges erlebte und was mir unendlich zu Schaffen machte, war nicht nur das Schwinden meiner Energie und eine unermessliche Antriebslosigkeit. Es war vor allem die zunehmende Gewissheit, dass ich mich in der oben beschriebenen Spirale befand, die sich Tag für Tag nach unten, Richtung Fassboden, bewegte und aus der einfach kein Ausweg mehr führte. Mir fehlten Lösungen für diese völlig neue Lebenserfahrung, weil alles, was mir bislang Regeneration verschafft hatte, plötzlich nicht mehr griff. Und zwar auf keiner Ebene.

Wenn ich mir eine Woche Urlaub im sonnigen Süden gönnte, war ich entweder gar nicht erholt oder nicht erholt genug. Zum Beispiel weil ich, statt die ersehnten, ausgiebigen Schlaf- und Lesepausen zu genießen, aufgrund meiner mangelnden Entspannungsfähigkeit lieber Land und Leute erkundete. Ich kam auf Knopfdruck kaum mehr zur Ruhe. Meist hielt die Erholung im Anschluss drei Tage, schon befand ich mich wieder am Ausgangspunkt meiner Reise – und war so erschöpft und im Hamsterrad gefangen wie vorher.

Meine alltäglichen Fass-Auffüller, zumindest waren es bis dato die Versorgung meines Pflegepferdes und das Gassi gehen mit meinem Hund gewesen, wurden plötzlich zu lästigen Pflichten, denen ich auch nur noch hinterher hechelte, statt ihnen etwas abgewinnen zu können. Shopping? Saunabesuche? Treffen mit Freunden? Nein danke, alles viel zu anstrengend!

Ich kam letztlich weder körperlich noch seelisch zu Potte, egal was ich auch tat oder unterließ. Weil mein Befinden und mein Ideal einfach miteinander konkurrierten. Mein Ideal behielt immer die Oberhand – und forderte Regeneration, so dass ich weiter Top-Leistung zu erbringen im Stande war. Ein mühsames Unterfangen allerdings, wenn man seine Entspannungsfähigkeit komplett verloren hat!

Schließlich nahm die innere Unruhe, die gespeist wurde durch das Wissen um die Endlichkeit meines Funktionierens, immer mehr zu. Ich hatte Angst, dies oder jenes nicht mehr schaffen zu können. Ich plante und organisierte in Gedanken in jeder Minute meines Tages, wie ich den oder jenen Auftrag am besten hinbekäme und wann. Einstige „Mückenjobs" wurden zu „elefantösen Herausforderungen" in meinem Denken. Dabei gestaltete sich das eigentliche Abarbeiten meist weniger aufwändig als gedacht. So war es hauptsächlich mein Gedankenkarussell, das mich noch konfuser machte. Es entstand eine Diskrepanz zwischen den tatsächlichen Arbeitsanforderungen (Jobvolumen, Termin) und meiner eigenen Wahrnehmung – eine Verzerrung zwischen objektiver Wirklichkeit und subjektivem Erleben, könnte man sagen. Und weil nichts mehr meine innere Unruhe stoppen konnte, nahm ich mir den einzigen Helfer, den ich kannte, zur Hand. Ein trügerischer Helfer zwar, aber einer, den ich schon immer gerne hatte, wenn auch ehemals unter Genussaspekten zu Pasta und Co.: den Wein.

Wein wurde mein allabendlicher Begleiter. Der Betäuber meines „inneren Schweinehundes" während der scheinbar unvermeidlichen Nachtarbeit und meine Einschlafhilfe, wenn ich nach getaner Arbeit nicht mehr auf Normalbetrieb zurück- und abschalten konnte. Aufgrund der sich zuspitzenden Verzerrung meiner Wahrnehmung, in der sich jede Form von Verpflichtung zu einem monströsen und kaum zu bewältigenden Berg anhäufte, fand ich auch dann keine Ruhe mehr, wenn ich am Abend oder am Tage einmal beschäftigungslos war. Dann dachte ich eben schon an den nächsten Tag und die Jobs, die anstanden oder auch, ob ich den Job X im Zeitraum Y wirklich würde schaffen können oder ob ich mich möglicherweise doch völlig verkalkuliert hatte.

Andernfalls, bei abruptem Abflauen der freiberuflichen Beschäftigungslage, haderte ich mit meiner Existenz und marterte mich mit der Frage, ob, wann und wie es für mich weitergehen würde. Ich betete in solchen Situationen inständig um neue Aufträge.

Klingelte dann das Telefon und ein Kunde orderte meine Unterstützung, fühlte ich mich sofort überfordert. Unter dem Strich vertraute ich mir und dem Leben irgendwann gar nicht mehr. Ich wusste weder, was ich tatsächlich zu leisten in der Lage war, noch was ich mir eigentlich wünschte. Die nagenden Selbst- und Lebenszweifel wollten verschüttet werden, weil sie anders nicht mehr zu bewältigen schienen. Bei mir war es der Wein, der mir in schöner Regelmäßigkeit vorgaukelte, dass doch alles halb so wild sei. Er vernebelte meine Sichtweise und ließ ein paar rosarote Wolken über meinem geschundenen Haupt aufziehen. Nur in diesem Zustand konnte ich zur Ruhe finden und ein wenig Leichtigkeit spüren – sei es zum Texten, was mir zum Glück oder auch nicht selbst im Nebel noch gut gelang. Oder einfach zum Abschalten und Schlafen, was ich so dringend nötig hatte.

Die Hinwendung zu persönlichen Therapien, ich habe sie hier falsche Freuden und Freunde genannt, ist übrigens auch eine typische Begleiterscheinung des Burnout. Ich hatte damals keine Ahnung und ließ den leidigen Dingen einfach ihren Lauf, weil mir die Handlungsalternativen und Einsichten in die Burnout-Thematik fehlten. Schärft aber euer Bewusstsein: Es geht hier nicht mehr um die gelegentliche, sondern um die regelmäßige Zuhilfenahme von etwa Alkohol, Tranquilizern, Amphetaminen und dergleichen mehr. Auch Zigaretten, Koffein sowie übermäßiges Essen gehören zu den gerne genommenen Freudenspendern. Was ist euer falscher Freund?

Unabhängig davon, welchen Mix ihr euch zu Gemüte führt – ihr solltet wissen, welche Wirkung das Ganze in Verbindung mit dem Burnout-Prozess hat: Ihr verschüttet oder verdeckt damit eure wahren Bedürfnisse, schürt somit die Verleugnung eurer individuellen Problematik und sorgt dafür, dass die Spirale sich weiter dreht. Und zwar nach unten.

Immer heiter, schneller, weiter: Prädestinierte Burnout-Persönlichkeiten.

Ich litt schon seit geraumer Zeit unter depressiven Episoden, die mal stärker, mal schwächer spürbar waren und am Schluss immer häufiger und brisanter wurden. Irgendwann akzeptierte ich die Depression als einen Teil meiner Persönlichkeit. Ich stellte mich auf ein Leben mit ihr ein.

Das müsst ihr euch vorstellen: Ich wollte lieber die depressiven Verstimmungen als gegeben hinnehmen, anstatt die Bedingungen zu ändern, unter denen ich lebte und mit denen ich arbeitete! Aus heutiger Sicht unglaublich, aber wirklich wahr. Und der Alkohol trug erheblich dazu bei, in dem er vordergründig Leistung trotz Antriebslosigkeit ermöglichte, jedoch die Erschöpfung Glas für Glas verschlimmerte, die Traurigkeit über meine Machtlosigkeit verstärkte und meine sinnentleerte Sicht immer mehr verengte. Ich bekam den für die Depression typischen „Tunnelblick", hockte in einem dunklen Loch und fand keine Perspektiven im schwachen Lichtlein, das auf mich schien. Ich war gefangen in meinen Verhaltens- und Denkmustern. Ich spürte und wusste im Prinzip die ganze Zeit über, dass ich dringend sowohl meine Lebensbedingungen ändern als auch meine falschen Freuden und Freunde verabschieden müsste.

Dieser Gedankengang allerdings führte zu Horrorszenarien – Leistungsabfall („ohne Alkohol kann ich meine Schreib-Schweinehund nicht zähmen, vor allem am Abend"), Kundenverlust („wenn ich „nein" sage, verliere ich den Kunden oder die Agentur"), Existenzangst („wenn ich als Texterin nicht mehr arbeiten kann und will, weil ich den Anforderungen nicht mehr gewachsen bin, was bitteschön soll ich dann tun?"). Und so machte ich immer heiter und schneller weiter – nach außen mit einem verbissenen Lächeln und lauer Freundlichkeit, im Inneren mit brennender Gemütsverfassung und einem weinenden Auge, bangend um mich selbst.

Dabei ist die Depression, wie ich erst später erfuhr und heute weiß, in diesem Rahmen nur ein Symptom des Burnout und keine eigenständige Erkrankung, mit der man sein weiteres Leben fristen und arrangieren muss. Unterscheiden lässt sich das wohl daran, dass ein depressiver Burnout-Betroffener alle möglichen Register zieht, um irgendwie weiter durchhalten zu können, negative Gefühle zu kompensieren und den schönen Schein zu wahren. Notfalls greift er eben auch zu Alkohol und anderen Helfern.

Ein unter Depression als eigenständiger Erkrankung leidender Mensch tendiert hingegen eher zum Auf- und sich Ergeben. Depression bei Burnout ist also eine logische Folge des fortdauernden Raubbaus an uns selbst und infolgedessen wieder behebbar.

Doch wer neigt dazu überhaupt? Haben Menschen, die in stressigen Berufen arbeiten, grundsätzlich mit Burnout zu tun? Die Fachliteratur sagt hier eindeutig: nein! So verschieden die Menschen, die unter Burnout leiden oder auf dem besten Wege dorthin sind, auch sein mögen – es gibt übereinstimmende Charaktermerkmale, die als kleinste gemeinsame Nenner fungieren:

Burnout-Persönlichkeiten tendieren dazu...

...sich ständig durch Top-Leistung beweisen zu wollen
...sich durch Leistung Anerkennung zu sichern
...unter Stress noch mehr Leistung zu bringen
...sich zu maßregeln, statt sich zu erholen
...sich keine Fehler und Leistungstäler zuzugestehen
...gegen sich selbst und ihre Schwächen anzukämpfen
...körperliche und seelische Nöte zu dementieren
...Bedürfnisse, die in Konflikt mit den Idealen stehen, zu negieren bzw. zu verleugnen
...ihre eigenen Grenzen zu übersehen bzw. flexibel zu erweitern, wenn es den Idealen dient

Alles in allem handelt es sich um ehrgeizige und aktive, überaus fleißige und extrem gewissenhafte Menschen mit nahezu perfektionistischen Erwartungen an sich selbst und hohen Ansprüchen an ihre Umwelt. „Gefällige“ Persönlichkeiten, die aus Anerkennung ihren Lohn beziehen und die bei fehlendem Lob und mangelnder Beachtung dazu neigen, sich selbst zu missachten und den Motor noch mehr anzuheizen. Leute, die bis zum Umfallen arbeiten und dabei alles andere ausblenden können. Bis der unvermeidliche Aufprall kommt?

Der zündende Funke zum Neustart: Raus aus der Verleugnungsfalle!

Ihr könnt jederzeit aufhören. Ihr braucht so ganz sicher nicht weitermachen. Ihr müsst gar nichts. Aber ihr dürft und solltet euch überlegen, ob es nicht Zeit ist, eine andere Richtung einzuschlagen, das Tempo zu drosseln oder – noch viel besser **und** – Tankstellen aufzutun, die euer Fass neu befüllen, bevor es dazu massenweise mühsamer Veränderungsarbeit bedarf und ihr zum machtlosen Opfer eurer selbst werdet.

Bevor ich euch zeige, wie ihr die Ignoranz eurer Bedürfnisse durch bewusstes Sichten der Umstände und Spüren dessen, was euch nicht (mehr) gut tut, stoppen könnt, möchte ich noch einmal darauf hinweisen, was es mit der Verleugnung auf sich hat und was sie genau bezweckt.

Verleugnung bedeutet, körperliche und seelische Signale – das können auch negative Gefühle sein! – zu negieren oder durch vorne beschriebene Selbstzüchtigungen niederzukämpfen, um nur ja nichts ändern zu müssen. Weder gedanklich, noch faktisch. Man weist die sich immer mehr bemerkbar machende, missliche Verfassung also konsequent von sich, statt sie unter die Lupe zu nehmen. Falls man doch genauer hinsieht, arbeitet man meist am Symptom und nicht an der Ursache.

Beispiel zur „Arbeit am Symptom“:

Als meine Erschöpfung und meine Antriebslosigkeit einen neuen Höhepunkt erreicht hatten, war es gerade November. Ich wusste wohl, dass ich schon länger ausgepowert war. Und ich ahnte auch die Ursachen, die sich bei mir in extremen beruflichen Herausforderungen und schwierigen privaten Konstellationen orten ließen und mangels Tankstellen dazu geführt hatten, dass sich mein Fass im Laufe der Jahre ziemlich geleert hatte. Doch anstatt mir zu überlegen, wie ich meinen Wasserpegel wieder auffüllen und meine Energiereserven dauerhaft anreichern könnte, schob ich es auf die Jahreszeit und rannte von Heilpraktiker zu Arzt. Ich ließ eine Iris-Diagnose und ein großes Blutbild erstellen, mir Globuli und Bachblüten verschreiben. Ich verabreichte mir in Eigenregie jede Menge Johanniskraut und Vitamine. Alles in allem zeigte nichts die tatsächlichen Ursachen auf, geschweige denn Wirkung. Wie auch? Dort, wo ich hätte ansetzen müssen, wollte ich (noch) nicht hinsehen.

Die Verleugnung, als Abwehr der Gedanken, Gefühle und körperlichen Befindlichkeiten, die mit der andauernden Überbelastung einhergehen, besitzt ihre ganz eigene, umtriebige Dynamik. Hat man erst einmal damit begonnen, wird sie zum verlässlichen Denkprozessor, der den Burnout-Mechanismus am Laufen hält. Verleugnung befähigt uns, weiter auf höchstem Niveau zu produzieren und zu funktionieren. Wir blenden quasi missliche Umstände aus und geben einfach noch mehr Gas, wenn auch mit immer größerer Anstrengung. Wird die Verleugnung nicht unterbrochen, endet sie früher oder später mit hoher Wahrscheinlichkeit in einem körperlichen Breakdown. Bei mir – ich war, wie gesagt, ein sehr hartnäckiger Fall – wäre es sicher so weit gewesen, wenn mir nicht der Zufall (die Insolvenz eines großen Kunden) einen Bremsklotz zwischen die Beine geworfen hätte. Aber dazu komme ich noch.

Weil es über einen größeren Zeitraum hinweg immer schwieriger wird, die Folgen der Anstrengung und der Überbelastung zu übersehen bzw. innerlich tot zu reden – also zu **unterdrücken** –, entwickelt unser reger Geist interessante Strategien, der Verleugnung Ausdruck zu verleihen. Hier sind einige, die euch vielleicht bekannt erscheinen werden.

Verleugnung in Facetten: Abgrundtief schädlich!

Übertragung der Verleugnung auf falsche Ursachen:
Nebenschauplätze werden zu Austragungsorten

- » Statt mir die eigentlichen Auslöser meiner miesen Befindlichkeit anzusehen, bin ich lieber sauer auf meinen faulen Kollegen, meinen nachlässigen Partner oder mein nerviges Kind.
- » Statt mich mit meiner Einsamkeit auseinanderzusetzen, erfülle ich mich lieber 180 % mit Arbeit.
- » Statt mich gegen den andauernden Termindruck zur Wehr zu setzen, erweitere ich einfach mein Stundenpensum und arbeite auch nachts und am Wochenende.

Verschleierung der Verleugnung in Ironie:
Aus bitterem Ernst wird kurzum Spaß

- » Statt ehrlich zu mir selbst zu sein und den Ernst der Lage zu erkennen, mache ich mich über mich selbst lustig.
- » Statt meinen Kunden gegenüber ehrlich zu sein, kleide ich meinen Missstand in ironische Worte und schallendes Gelächter á la „…ach, bis morgen brauchen Sie das? Na, da habe ich ja jede Menge Zeit (ha, ha)!“
- » Statt meinen Freunden ehrlich zu antworten und ihren Bedenken über meinen Zustand Aufmerksamkeit zu schenken, weise ich sie schroff zurück und gifte etwa „…da könnt ihr ja wohl super mitreden, oder?“

Weglügen der Verleugnung: Alles halb so wild!

- » Ich belüge mich selbst.
- » Ich belüge andere.
- » Ich mache mir und anderen vor, dass alles so nicht ist und ich alles perfekt im Griff habe, durch nichts unterzukriegen bin.
- » Ich mime anderen gegenüber, die mich aufmerksam machen wollen, Unwissen: „Ich verstehe jetzt wirklich nicht, was du meinst/was du mir sagen willst.“

Verleugnung durch Vergessen: Erinnerung adé

- Statt mir klar zu machen, wie lange ich mich schon in meinem Burnout-Zyklus befinde, kann ich mich bewusst an nichts dergleichen vorher erinnern.

Verleugnung durch Identifikation: So bin ich eben!

- Statt mir klar zu machen, dass ich früher ein Mensch voller Lebenslust war, erkläre ich meine Erschöpfung beispielsweise mit den Worten „Ich brauche das, diese Arbeit ist mein Leben!"
- Statt mich mit meinen chronischen Rückenschmerzen auseinanderzusetzen und deren Ursache zu ergründen, sage ich mir „Ich bin eben arbeitswütig. Zum Joggen habe ich einfach keine Zeit."
- Statt meine zunehmende Aggressivität und Gereiztheit wahr und ernst zu nehmen, antworte ich außen stehenden Beobachtern: „Ich war schon immer reizbar, ich bin eben impulsiv und temperamentvoll."

So weit, so schlimm. Wenn ihr euch in einem oder mehreren der beschriebenen Verleugnungsmuster erkannt habt, dürfte euch vor Augen geführt worden sein, wie viel Kraft ihr mittlerweile alleine in genau den Mechanismus investieren müsst, der den Burnout ankurbelt. Vergleichsweise leicht hoffentlich kommt es euch schon jetzt vor, vielleicht auch spannend, sich zu trauen und zu erlauben, die Verleugnung aufzugeben. Ihr könnt ja einfach einmal mit dem Gedanken spielen, euch eure Verleugnung zumindest probeweise einmal wegdenken. Euch kann nichts passieren! Im Gegenteil. Ihr geht alleine durch das ehrliche Eingeständnis eurer wirklichen Befindlichkeit einen wesentlichen Schritt in eine Energie bringende, den Burnout stoppende Richtung. Unabhängig von den Ursachen, jenseits von irgendwelchen unmittelbaren Handlungserfordernissen. Verdeutlicht euch, bevor ihr euch auf eine ehrliche Bestandsaufnahme einlasst, noch einmal, **das Wesen des Burnout.**

Burnout kompakt: Das ist Sache!

» Burnout entsteht durch eine erhebliche Differenz zwischen euren Bedürfnissen und euren Zielen, Idealen und Werten (das kann auch euer Selbstbild sein).

» Die Ziele, Ideale, Werte bzw. euer Selbstbild mag früher einmal nützlich und förderlich für euch gewesen sein. Heute steht es mit euren Bedürfnissen in Konflikt.

» Ihr haltet an eurem Selbstbild fest, obwohl ihr wisst, dass es euch nicht mehr gut tut bzw. sich die Rahmenbedingungen oder eure Kraftkapazitäten geändert haben. Doch eine Verbindung zwischen dem Wissen (Verstand) und dem Spüren (Bauch) fehlt.

» Würdet ihr euch erlauben, die Verbindung herzustellen, müsstet ihr etwas ändern in eurem Denken und/oder Verhalten. Dies führt zu erheblichen weiteren Ängsten, Konflikten, Horrorvisionen. Daher klammert ihr euch lieber weiterhin an eure selbst auferlegten Visionen, als ehrlich zu euch zu sein. Ihr verleugnet einfach den Missstand zwischen eurem „Außen-" und eurem „Innenleben" und macht weiter wie bisher. Mit immer mehr Anstrengung.

» Burnout-Symptome körperlicher und/oder seelischer Art werden möglicherweise wahrgenommen, aber nicht ursachenorientiert behandelt. Hier greift die Verleugnung mit all ihren Facetten.

» Bis schließlich die totale körperliche und/oder seelische Erschöpfung eintrifft. Oder auch nicht – ihr habt es in der Hand!

Was nun wichtig ist, bevor ihr euch einmal auf den körperlichen und seelischen Prüfstand bringt: **Denkt an das Jetzt und nicht an das, was daraus resultieren könnte.** Darum geht es hier noch nicht. An dieser Stelle ist einfach eure Befindlichkeit gefragt. Also unterzieht euch ganz unverbindlich einmal dem folgenden **Check-up:**

Was hat das Interesse an der Burnout-Problematik geweckt – warum habe ich zu diesem Buch gegriffen?

Wie fühle ich mich im Moment, welche körperlichen und/oder seelischen Missstände trüben mein Wohlbefinden?

Körperlich?

Seelisch?

Seit wann fühle ich mich schon so: Wann bin ich mir über diese Beschwerden das erste Mal bewusst geworden?

Welche falschen Freuden und Freunde habe ich mir als Wegbegleiter ausgesucht: Genieße ich im Übermaß Nikotin, Alkohol, Essen und dergleichen mehr?

Seit wann begleiten mich diese „therapeutischen" Maßnahmen?

Welche Situationen erleichtern sie, welche Befindlichkeiten werden dadurch nur verschoben bzw. verschlimmert?

Möchte ich etwas tun, das mein Befinden nachhaltig verbessert und mir neue Denk- und Verhaltensspielräume eröffnet?

☐ Ja >> dann lies bitte unbedingt weiter!

☐ Nein >> dann ist dein Befinden offenbar noch nicht unerträglich genug.

Was muss passieren, damit du dir und deinem Wohlbefinden die Aufmerksamkeit widmest, die du dir schuldig bist? Bitte lies noch einmal das Kapitel über die Verleugnungsfalle – und dann das Buch rein prophylaktisch zu Ende!

Abenteuer Leben: Überall brennt's.

Auch, wenn ich auf die Welt der Werbung fokussiere, auf deren wirren Pfaden ich zeitweise noch immer wandle, heute allerdings mit ganzheitlich gewachsener Achtsamkeit, so sei an dieser Stelle gesagt, dass sich Brennfaktoren Branchen übergreifend aufspüren lassen.

Fakt ist, dass Burnout nichts Neues ist. Bereits in den 70er Jahren prognostizierten Experten, dass rund 10 bis 15 % aller Erwerbstätigen einmal in ihrem Berufsleben mit diesem Phänomen rechnen müssten. Bisweilen sind die Schätzungen längst nach oben, gen 25 %-Marke, korrigiert worden. Und was auch landläufig bekannt ist: Die Verteilung der Betroffenen ist über die verschiedenen Berufsgruppen hinweg heterogen, das heißt, es gibt eindeutige Burnout-Pools in der Arbeitslandschaft. Sehr häufig brennen Menschen in kreativen Werbe- und Medienberufen aus, genauso altruistische Leute, die sich in erster Linie um andere kümmern, wie es in sozialen und pädagogischen Sparten der Fall ist. Daneben sind auch Juristen, Steuer- und andere Berater prädestiniert, die sich verstärkt mit den materiellen oder psychischen Problemen ihrer Klienten befassen müssen. Und natürlich vertriebsorientierte Berufsgruppen, etwa in Banken und Versicherungen, die sich dem ständigen Erfolgsdruck in Euros ausgesetzt sehen.

Die den Burnout begünstigenden **Rahmenbedingungen** lassen sich aus diesen statistischen Informationen ganz einfach ableiten – wenn nicht gar am eigenen Leibe nachvollziehen:

Brenzlige Rahmenbedingung des Burnout:

- Komplexität der Aufgaben in Verbindung mit enormem Zeitdruck
- Hoher Energieeinsatz bei mangelnder Autonomie
- Außergewöhnliche Leistungserfordernis bei fehlendem Feedback (Anerkennung, Rückmeldung) bzw. messbarem Erfolg
- Rollenkonflikte durch unklare Strukturen und Anweisungen
- Extreme Verantwortung bei mangelnder Unterstützung
- Mobbing, schlechtes Betriebsklima und das dauerhafte Agieren in diesen oder anderen Spannungsfeldern

Unter dem Strich also kommen wir wieder auf das bereits benannte Ergebnis: Burnout kann sich aus chronischer Überforderung ergeben, die sich aus unseren eigenen oder fremdbestimmten Erwartungen ergibt, wobei fehlende Rückmeldung, mangelhafte Wertschätzung oder ausbleibende Erfolgserlebnisse eine wesentliche Rolle spielen.

So ist es auch nicht weiter verwunderlich, dass besonders Lehrer prädestinierte Ausbrenner sind. Ebenso Menschen in Heil- und Pflegeberufen. Außerdem Mütter, die heute als Universal-Manager in Haushalt und Job gefragt und darüber hinaus mit der ständigen Anforderung konfrontiert sind, sich selbst im steten Bemühen, allen Beteiligten gerecht zu werden, nicht zu vergessen.

Begünstigt durch die jeweils eigene Lebenssituation und -erfahrung – tatsächlich weisen Ausbrenner meist ähnliche, auf das „viel Leistung = viel Anerkennung"-Prinzip ausgerichtete biographische Muster auf – setzt sich also die Spirale in Gang. Selbst gewählt durch den Burnout-förderlichen Beruf oder schicksalhaft, etwa durch Angelegenheiten im privaten Kontext. Ja, auch diese können gähnende Leere im Fass verursachen: Viele Menschen erleiden beispielsweise einen ganz erheblichen Erschöpfungszustand bei der dauerhaft erfolglosen Suche nach einem Arbeitsplatz oder nach einem Lebenspartner.

Andere kommen, bedingt durch anhaltende finanzielle Schwierigkeiten und beziehungstechnische Krisen, gegen die sie nichts oder nichts mehr ausrichten können, an die Grenzen ihrer Kraft. Wenn dann noch ein **multikausaler Mix** aus den verschiedenen Brennfaktoren

» biographische Muster (Leistungs-Anerkennungs-Prinzip)
» berufliche Herausforderungen oder Unsicherheiten
» private Herausforderungen oder Instabilitäten

zusammenwirkt, sind die Folgen früher oder später spürbar. Weil der überhitzte Motor bei freier Fahrt voraus und mangels Wartung des Getriebes allmählich ins Stottern gerät.

Ob überhaupt, unter welchen Umständen, wann und wie schwerwiegend ein Mensch vom Burnout heimgesucht werden kann, ist individuell verschieden und abhängig von seiner „Struktur". Damit meine ich die jeweiligen biographischen Voraussetzungen und die persönlichen seelischen, geistigen und körperlichen Beschaffenheiten – das eigenen „Fass" eben. Doch weil die potenzielle Folge bei fortwährendem Fortschritt der Spirale immer in die selbe Richtung führt (Depression, körperliche und seelische Totalerschöpfung), ist es umso wichtiger, jetzt sofort Einsicht zu gewinnen und sich zuzugestehen, dass wir eben sind, wie wir sind. Jenseits von dem, was wir uns an Belastbarkeit wünschen und welches Bild wir mit großen Strapazen von uns aufrechterhalten, ist es das Befinden im Hier und Jetzt, das zählt.

Erfrischende Einsicht: Jeder ist, wie er ist.

Es ist völlig egal, wie der Kollege oder die Kollegin mit den Umständen zurechtkommt. Es ist schlichtweg unerheblich, wie viele Lehrer, Juristen oder Grafiker es gibt, die bei weit höherem Druck noch eindrucksvollere Erfolge verbuchen. Es spielt keine Rolle, dass andere Menschen in ihrem beruflichen und privaten Leben noch viele andere Aufgaben übernehmen, dabei konstant enormes Engagement zeigen oder weitaus beträchtlichere Herausforderungen zu meistern haben.

» Vielleicht haben die ja insgesamt mehr Kraft oder können sich besser distanzieren? Womöglich haben sie einfach mehr Spaß bei der Sache oder insgesamt mehr Erfreuliches in ihrem Leben?

» Vielleicht bekommen sie mehr Anerkennung für ihr Tun?

» Eventuell haben sie mehr Rückhalt durch Partnerschaft und Familie?

» Oder gelernte Entspannungsmöglichkeiten bzw. Erholungsoasen, die ihnen ein ständiges Regenerieren ermöglichen?

Das mag alles sein. Oder auch nicht. Schließlich weiß niemand genau, wie es in einem anderen Menschen wirklich aussieht. Letztlich geht es nur um das eigene Fass und das Erkennen, dass genau dieses Fass schon seine Bewandtnis – will heißen seine Daseinsberechtigung – hat und dass wir mit der gegen uns selbst gerichteten Bewertung unserer offenbaren Fehlbarkeit Schlimmes nur noch schlimmer machen. Weil wir uns verleugnen, während wir auf der anderen Seite so dringend nach Anerkennung und Erfolg in der Außenwelt dürsten.

Exkurs zum Leistungs-Anerkennungs-Prinzip bzw. zum fehlenden Feedback:

Ich habe ja, wie bereits erwähnt, einen Hund. Und als Hundebesitzer lernt man automatisch immer wieder neue Hundebesitzer beim Gassi gehen kennen. Eine dieser zugelaufenen Bekannten erzählte mir vor kurzem von einer Eskapade ihres Golden Retrievers – ein sonst sehr ruhiges und braves Tier. Besagte Bekannte ging mit ihrem Hund an der Aurach spazieren. Am anderen Ufer des Flüsschens befindet sich ein kleiner Bauernhof mit einem Gehege, in dem Weihnachtsgänse bis zum nächsten Festgelage gemästet werden. Dieses Gehege ist nur von drei Seiten eingezäunt und zum Fluss hin offen. Hund dachte sich: Was für eine schöne Schar. Rannte los, ignorierte Befehle, schwamm ans andere Ufer und packte Gans 1. Dann schwamm er zurück und legte das nur noch schwach atmende Federvieh gehorsamst zu Füßen der völlig entsetzten Besitzerin. Nach kurzer, von Sprachlosigkeit geprägter Wartezeit, wiederholte der Hund das Ganze mit Gans 2. Und noch einmal. Bis das mittlerweile wieder ihres Wortschatzes mächtige Hundefrauchen begriff, dass die Belohnung für die mittlerweile drei Sonntagsbraten fehlte. Also lobte sie das verrückte Tier widerwillig und nahm es (endlich) an die Leine. Der Bauer war stocksauer, der Hund ziemlich erschöpft.

Irre Geschichte, ich gebe es zu. Aber sie ist wirklich wahr. Hunde (die meisten jedenfalls, meiner nicht) wollen ihren Besitzern gefallen und tun dafür alles Mögliche. Und es gibt auch viele Menschen, die anderen gefallen möchten und die dafür ihr Bestes geben. Wenn der Lohn oder das Lob für die Mühseligkeiten ausbleibt, treten diese Turbolader in keinster Weise kürzer und sagen sich gar: dann eben nicht. Sondern – bei bestimmter charakterlicher, vielleicht auch biographisch bedingter Disposition – geben sie erst recht noch umso mehr, mehr, mehr. Ihre Grenzen sind dabei nicht mehr spürbar. Zunächst zumindest. Praktiziert man dieses Leistungsmuster eine ganze Weile so und völlig unreflektiert immer weiter, „weil man eben so ist“, kann es nur zu einem kommen: zur Erschöpfung.

Um euch zu zeigen, wie so ein Erschöpfungszustand rein emoti tet aussehen kann, habe ich euch hier eine meiner persönlichen niedergeschrieben. Ich nenne diese Notizen, die ich hier und da mal fixiere, „Alltagsprosa“. Diese ist ein bisschen fantastisch, gibt aber durchaus realistisch wieder, wie meine Gefühlswelt zur Zeit des Burnout aussah:

„Ich bin 36 Jahre alt und habe – bis auf einige Falten, überdurchschnittlich viele graue Haare, einige gescheiterte Beziehungen und einem Hund, der mir mehr auf der Nase herumtanzt als Freude macht – noch nicht viel erreicht im Leben. Natürlich lasse ich mich dennoch nicht unterkriegen. Auf keinen Fall. Meine Eltern sollen sich bloß keine Sorgen um mich machen müssen. Also wahre ich den schönen Schein, benutze immer mehr Make-up, um meine Augenringe zu übertünchen und bin erst kürzlich von Country Colors zur Beauty Hair Queen of the Year gewählt worden, weil ich so viel Farbe kaufe. Ich sehe ganz gut aus, wenn ich mir Mühe gebe. Und das mache ich immer öfter. Hauptsache, es merkt keiner, welches Chaos in mir tobt. Vor einigen Jahren noch war alles einfacher. Aber seit ich die Disziplin aufgab wie andere das Rauchen, hat mein innerer Schweinehund die Macht an sich gerissen. Vielleicht ist es auch mein eigentliches Ego. Genau weiß ich es nicht. Alles, was ich wirklich weiß ist, dass ich eigentlich nicht für diese Welt geschaffen bin und meistens in meiner eigenen Welt lebe. Und in der ist mächtig was los. Viele „du musst dochs“ folgen auf „mach mal halblangs“, eine Existenzangst reiht sich an die nächste Sinnfrage. Am meisten quält mich, dass ich den unbändigen Drang verspüre, immer ich selbst zu sein. Denn das wirft Konflikte en masse auf. Kann ich einen Auftrag – ich bin Werbetexterin – einfach verschieben, weil ich heute nicht kreativer Stimmung bin? Oder eine Anfrage schlichtweg verneinen, weil ich den Gegenstand der werblichen Anpreisung für völligen Unsinn halte? Darf ich der redaktionellen Vermarktung von Dingen entsagen, wenn sie nicht meiner Moral entsprechen? Ich weiß es nicht wirklich. Aber ich handle immer mehr danach. Die leidige Folge – frappierende Umsatzeinbußen – bügle ich durch die Anpassung meines Lebensstandards aus. Noch ist es ganz schön hier bei mir. Doch ich leere meinen Briefkasten immer seltener, weil er nur selten zur Lösung des Konflikts beiträgt, sondern – im Gegenteil – Rechnungen ausspuckt, die ich geflissentlich zu ignorieren suche. Und manchmal stelle ich schon das Telefon ab, damit es meinem hart umkämpften inneren Frieden nichts anhaben kann. Seit mich immer weniger karrieregeile Freunde besuchen, die mich immer seltener verstehen können, sind auch meine Lebenshaltungskosten enorm gesunken. Was ja irgendwie gut ist, ich habe lange genug unzählige Abende mit Diskussionen und pfundweise Pasta verbracht, die mich auch nicht weiterbrachten. Jetzt bin ich quasi alleine, habe kaum mehr Aufträge, mein Geldvorrat schrumpft mit meiner Anpassungsfähigkeit und meine ohnehin nur grob skizzierten Zukunftspläne verblassen allmählich. Dafür gedeihen meine Zimmerpflanzen prächtig und mein Hund hat mächtig Spaß, weil viel Freizeit mit mir. Wie ich das Dilemma ertrage? ALDI sei Dank! Der Burlwood Cabernet Sauvignon 2003 bringt mich Abend für Abend und jetzt manchmal auch schon tagsüber auf den Boden der Tatsachen zurück: Es ist nicht einfach, ein Denker zu sein. Und wenn ich genügend Flaschen leere, stellt sich das vielleicht auch noch ein. Meine Strategie, das Leben im Nebel zu ertragen, wurde erst kürzlich kopiert, was mir wieder ein wenig Auftrieb gab. Eine Freundin von mir in misslicher Lage bekundete, die nach meinem Spitznamen benannte Therapie zu praktizieren. Was sie meinte? Rotwein trinken bis zum Erbrechen. Also habe ich der Welt doch etwas hinterlassen, wenn ich schon nicht zu ihrem Wandel beitragen konnte."

Wenn man sich beständig ignoriert und seine Kraftkapazitäten so gnadenlos überstrapaziert wie ich das getan habe, wird man irgendwann mürbe im Kopf. Ich habe, nachdem ich mir einige Monate jeden Tag die Antwort nach einem Entkommen aus der Energielosigkeitsspirale schuldig geblieben und die Sinnfrage immer öfter ohne Resonanz verklungen war, beinahe resigniert. Davon zeugt meine Alltags-Prosa. So weit muss es aber nicht kommen. Und so weit kommt es erst gar nicht, wenn ihr euch gegenüber ehrlich seid. Oder noch mehr. Wenn ihr euch klar werdet, wie ihr persönlich beschaffen seid (euer individuelles Fass) und was ihr im Leben braucht, um gesund und glücklich zu sein und zu bleiben.

An dieser Stelle könnt ihr jetzt ruhig einmal euren Horizont auf 360 Grad erweitern und hinsehen, wie andere mit ihrem Leben umgehen. Es gibt ja nicht nur die Burnout-Persönlichkeiten, sondern auch gesunde Menschen im Gleichgewicht, die mit sich und ihren Rahmenbedingungen förderlich umgehen und mit ihren Kräften haushalten.

Eingangs erwähnter Roland ist dafür ein gutes Beispiel. Diese bewundernswerten Menschen, die ich nach wie vor studiere, haben in meinen Augen jede Menge Mut, auch wenn ihnen das gar nicht bewusst zu sein scheint. Sie besitzen ein ausgeprägtes Selbstwertgefühl und eine riesige Portion Zuversicht. Sie sagen „nein!“, wenn ihnen etwas nicht gefällt und scheuen sich nicht vor der Konfrontation mit den Konsequenzen. Sie wissen einfach, dass es für sie gut weitergeht, selbst wenn sie anderen einmal eine Absage erteilen müssen. Also heißt das in der Ratgeber-Literatur häufig zu findende „Nein sagen lernen“ gleichzeitig auch „Ja sagen lernen“ und zwar zu sich selbst. Was ich meine ist, sich zu akzeptieren und zu respektieren. Und zwar genau so, wie man eben ist.

Andere Fachbuch-Autoren raten: Liebt euch selbst! Doch von mir aus könnt ihr euch auch nur mögen oder ganz in Ordnung finden. Wichtig ist in jedem Fall, dass ihr euch er-kennt und dann an-er-kennt. Nehmt euch an, wie ihr seid und versucht nicht länger, über euch hinaus zu wachsen und euer Fass entweder ins Bodenlose zu leeren oder durch übermäßigen, selbst induzierten Druck aufzublasen. Ihr wisst, was ihr ganz natürlich und selbstverständlich zu leisten im Stande seid. Ihr wisst, was ihr euch zutrauen könnt und welche Rahmenbedingungen ihr dazu braucht. Und ohne euch zu kennen, kann ich euch versichern: Was ihr leistet, ist bestimmt nicht ohne und garantiert mehr als genug! Wenn euer innerer Richter oder Skeptiker bereits bei dieser Bemerkung zum niederschmetternden Hammerschlag ausholt, dann schaut euch doch wiederum auch mal in andere Richtungen um. Es gibt nämlich neben den Burnoutlern und den Normalos auch genügend Zeitgenossen, die anders bemittelt und begabt sind als ihr es seid. Warum also passiv Umstände annehmen, die uns den letzten Tropfen Fassinhalt kosten? Nehmt lieber euer Fass an und sorgt aktiv dafür, dass es durch günstige Umstände beständig befüllt bleibt!

Schluss mit dem Frust: Strategien für mehr „Fülle".

Im Laufe meiner Leidenszeit sowie davor und danach habe ich haufenweise Bücher konsumiert, ausgewählte Seminare besucht und mich nach Möglichkeiten verzehrt, die mich aus der Erschöpfungsspirale entlassen. Einige haben einiges bewirkt, andere weniger. Ich kann auch heute nicht behaupten, der Weisheit letzten Schluss gefunden zu haben. Ich habe es hier offenbar, wie bei vielen anderen Dingen im Leben auch, mit einem Lernprozess zu tun. Am Wegesrand „lauern" immer wieder neue Erkenntnisse, die mich in meiner eingeschlagenen Richtung bestätigen oder mich gleich einen Quantensprung vorwärts bringen. Genauso wie es immer wieder dejá-vù-ähnliche Ereignisse gibt, die mich kurzzeitig in einen Zustand versetzen, der mich an die „akute Zeit" erinnert.

Nicht dass ihr glaubt, ich sei vor diesen Rückschlägen, die mich denken lassen, ich hätte nichts dazugelernt, gefeit. Eine Burnout-prädestinierte Persönlichkeit wird immer eine Persönlichkeit bleiben, die Feuer fängt. Das verliert sich nicht und hat auch etwas für sich, sofern man die Alarmsignale zeitnah zu deuten versteht und darauf zu reagieren weiß. Wenn sich also der erste Schrecken über die vermeintliche Wiederholung der Prozedur gelegt hat, muss ich mir immer wieder eingestehen, dass sich angestammte Verhaltensmuster nicht so mir nichts dir nichts verflüchtigen. Das Leben birgt immer wieder die Gefahr, in alte Rollen zu verfallen und auf bestimmte äußere Umstände in gewohnter Manier zu reagieren. In gewisser Weise sind wir wohl alle konditioniert wie der Pawlowsche Hund und es dauert einfach, bis wir diese Reiz-Reaktionsverkettung durch alternative Verhaltensweisen ersetzen. Lass euch deshalb bitte nicht entmutigen, wenn ihr diese Erfahrung macht! Think pink und zollt euch wenigstens ein wenig Respekt dafür, dass ihr die Warnsignale zumindest schon erkennen könnt, statt einfach über sie hinwegzusehen und achtlos auf den ausgetretenen Pfaden ins nebulöse Nirgendwo zu wandern. Mit Ziel Fassboden.

Strategie 1
Offen und ehrlich: Jetzt reicht's!

Die erste Strategie ist ganz einfach, weil ihr wenig dazu tun müsst. Und doch ist gerade das ziemlich schwer. Burnoutler sind ja Macher, die einfach keine Ruhe geben wollen und rennen wie der bekannte Hamster im Rad, bis eben dieses heiß läuft oder die körperliche und seelische Sicherung durchbrennt. Doch wie wollt ihr eine ehrliche Bestandsaufnahme hinkriegen, wenn ihr vor lauter hektischer Betriebsamkeit keinen Moment Pause macht?

Habt ihr schon einmal versucht, bei Tempo 160 auf der Autobahn die Schafe auf der Weide nebenan zu zählen? Oder euch beim Joggen die Augenbrauen zu zupfen (sorry Männer, ich meine jetzt die Mädels)? Also! Das geht einfach nicht. Wer sich orientieren möchte, braucht Stillstand. Keine Angst, muss ja nicht ewig dauern. Es geht einfach darum, dass ihr für einen Augenblick die Bremse zieht und euch beispielsweise, um den vermeintlichen Schaden durch Wegbleiben vom Arbeitsplatz, an dem man ja ach so sehr gebraucht wird und sicher unersetzlich ist, ein Wochenende Zeit zum Reflektieren nehmt. Nur in Ruhe könnt ihr eine Standortbestimmung vornehmen und die nächsten Kilometer planen.

Exkurs zum Thema „Ich bin unersetzlich":

Macht euch bitte nichts vor, wir alle sind ersetzlich. Arbeitstechnisch. Ich lebte jahrelang in dem fatalen Irrglauben, dass das folgende, von mir praktizierte Erfolgsrezept 100 %-ige Sicherheit gewährleistet. Sicherheit im Sinne von: ich bin für Agentur X oder Kunden Y **d i e** Werbetexterin überhaupt, die werden mich um nichts in der Welt missen wollen und mir dauerhaft Aufträge zuschanzen. Und zwar, weil ich

a. super verlässlich
b. super gut
c. super flexibel
d. super schnell
e. super nett

bin und jederzeit alles Erdenkliche für meine Geschäftspartner möglich mache. Im Urlaub, am Wochenende, am Abend, auf Zuruf.

Stimmt nicht. Stimmt nie im Leben! Glaubt das bloß nicht auch. Nur umgekehrt geht das Konzept auf. Wenn ihr (aus deren subjektiven Sicht) schlechte Leistung bringt und dann auch noch unzuverlässig, unflexibel, lahm und aufmüpfig seid bzw. die „Chemie" nicht stimmt, dann seid ihr mit 100 %-iger Sicherheit draußen. Egal, was ihr genau arbeitet. Ansonsten spielen da so viele Faktoren mit...angefangen bei wirtschaftlichen Notwendigkeiten, über strukturelle Veränderungen, bis hin zu wechselnden Verantwortlichkeiten.

Ein langjähriger Kunde beispielsweise, der mich in schöner Regelmäßigkeit mit Aufträgen versorgt hat – dies und das menschliche Miteinander liefen bestens! – hatte selbst einen Burnout und danach eine andere Position im Unternehmen. Nach der Umstrukturierung interessierte sich keiner mehr für mich, meine hingebungsvolle, aufopfernde Art und für den plötzlichen Umsatzverlust auf meiner Seite schon gleich dreimal niemand. Eine andere Agentur, die mich regelmäßig über den grünen Klee hinaus lobte (was meine Scharniere freilich ölte und mich noch mehr zum Rotieren für den guten Zweck Zusammenarbeit brachte), kündigte mir von heute auf morgen, weil sie einen festen Texter eingestellt hatten – einen alten Freund. Ein weiterer Kunde ging pleite und ließ mich mit tausenden Euros im Regen stehen. Ich könnte hier Geschichten erzählen ohne Ende. Was ich aber im Wesentlichen sagen will und mir noch heute ständig selbst sage: ein Job ist ein Job ist ein Job. Ein Mittel zum Geldverdienen. Mehr nicht. Macht einfach das Beste daraus! Und zwar für euch.

Um festzustellen, ob es euch reicht und wie sehr es euch reicht– unabhängig davon, wo eure Stressoren genau liegen – könnt ihr euch einmal die Antworten auf folgende Fragen überlegen. Sie sind an die „Allgemeine Depressionsskala" angelehnt, einem weltweit eingesetzten Fragebogen, wobei ich mich hier auf einige wesentliche Aspekte beschränke. Die Details nämlich, die ich auch im Zusammenhang mit dem Burnout-Prozess, der früher oder später depressive Symptome hervorbringt, für entscheidend halte.

Test zum Thema
„Wie leer ist mein Fass“ oder – viel besser „Wie voll ist das Maß“.

So geht es: Macht in jeder Zeile ein Kreuzchen für
0 = selten bzw. nie, 1 = manchmal (1 bis 2 Tage),
2 = öfters (3 bis 4 Tage) 3 = meistens oder die ganze Zeit (über 4 Tage).
Auflösung folgt.

Die Frage lautet: Während der letzten Woche...	**0**	**1**	**2**	**3**
... haben mich Dinge beunruhigt, die mir sonst nichts ausmachen				
... hatte ich kaum oder übermäßigen Appetit				
... war ich missmutiger oder getrübter Stimmung				
... kam ich mir unzulänglich und minderwertig vor				
... konnte ich mich schwer konzentrieren				
... war ich niedergeschlagen und deprimiert				
... war alles anstrengend für mich				
... war ich häufig hoffnungslos und sah die Zukunft nicht gerade rosig				
... fühlte ich mich als Versager				
... empfand ich eine ängstliche Getriebenheit				
... habe ich schlecht geschlafen und nachts gegrübelt				
... empfand ich sogar private Verabredungen als Last				
... gab es nur wenige Augenblicke der Freude				
... fühlte ich mich einsam und ungeliebt				
... musste ich weinen				
... war ich unverhältnismäßig wütend oder aggressiv				
... konnte ich mich kaum zu etwas aufraffen				
... hatte ich das Gefühl, nicht mehr lange funktionieren zu können				
... machten mir körperliche Symptome zu schaffen (z. B. Kopfschmerzen, Rückenschmerzen, Druck auf der Brust, Bauchweh, Herzklopfen, Verspannungen, Verstopfung, Durchfall etc.)				
... empfand ich mein Leben als Last und ohne Ausweg				

Wie fällt euer Test aus? Und was haltet ihr selbst davon?

Um das Ergebnis richtig interpretieren zu können, solltet ihr euch darüber klar werden, dass ein gesunder, glücklicher und ausgeglichener Mensch im Idealfall 0 Punkte erzielt, d. h. er fühlt sich von den Fragen weder angesprochen, noch berührt. Natürlich kann es sein, dass man soeben eine weniger prickelnde Woche mühevoll hinter sich gebracht hat oder die momentane Lebenssituation von außergewöhnlichen Belastungen „überschattet" wird. Hierfür kommt vieles in Frage. Von Umzügen, über familiäre Konflikte, bis hin zu Trennungen, Verlust eines geliebten Menschen oder einfach die stressige Zeit im Job (z. B. wenn eine Messe anliegt oder ein Projekt vor dem Abschluss steht). Dergleichen Herausforderungen hinterlassen selbstverständlich temporär ihre Spuren und zehren an den Kräften bzw. Fasskapazitäten und -inhalten. Doch nicht überverhältnismäßig lange oder so, dass sie das gesamte gefühlsmäßige Positiverleben, die Lebenskraft und die Freude am Dasein, komplett zum Erliegen bringen. Wenn dem so ist, dann ist etwas im Argen. Bitte seht jetzt genauer hin und fragt euch ehrlich:

Sind meine Antworten lediglich für die letzte Woche wahr? Oder wie lange empfinde bzw. erlebe ich den jeweiligen Aspekt schon so?

Für diesen Zweck könnt ihr hinter die Fragen und Antworten, die bereits für einen längeren Zeitraum als den der letzten sieben Tage zutreffend sind, eine weitere Ziffer notieren. Nämlich die der geschätzten Wochenzahl.

Ist jetzt der Groschen gefallen?

Falls nein > Dann kommt jetzt für alle, die immer noch der Überzeugung sind, dass

» das Leben im Allgemeinen eben kein Zuckerschlecken ist,
» speziell sie selbst nichts Besseres verdient haben,
» die Tatbestände ohnehin unveränderlich sind

und sich anderem Gespött ihres völlig überstrapazierten Gemüts aussetzen, eine extrem effektive Intervention in drei Schritten:

Schritt 1. Sucht euch die für euch schwerwiegendsten Leidensfaktoren heraus und notiert dahinter, am besten mit einem Rotstift, wie viele Wochen ihr den jeweiligen Aspekt voraussichtlich und bei unveränderter Situation noch ertragen könnt. Überlegt euch genau, welche Ziffer ihr ansetzt und berücksichtigt dabei den Energiepegel in eurem Fass!

Schritt 2. Jetzt schreibt ihr dahinter, wie lange ihr den jeweiligen Aspekt am liebsten noch ertragen wollt.

Schritt 3. Anschließend macht euch klar, dass ihr den jeweiligen Aspekt keinen Tag länger erdulden müsst, sondern mindern, lindern und sogar ins Gegenteil verkehren könnt.

Das sieht dann so aus:

In den nächsten Wochen werde ich …

… mich in Ruhe um mein Leben kümmern
… meinen Geist bei Laune und meinen Körper bei Kräften halten
… mich ausgeglichen fühlen und voller Leichtigkeit sein
… meine Grenzen wahren und mich wertschätzen
… mein Potenzial konzentriert einsetzen und freudig auskosten
… voller Schaffenskraft und fröhlich sein
… mir genügend Pausen gönnen und gezielt Gutes tun
… voller Zuversicht in eine schöne Zukunft blicken
… mich als meines Glückes Schmied erweisen
… friedvoll und gelassen in mir ruhen
… reichlich schlafen und mich erholen
… mich an meiner Familie und an meinem Freunden erfreuen
… mich in genüsslichen Momenten sonnen
… mir meinen Wert für andere und meinen Platz im Leben bewusst machen
… jubeln, wenn mir etwas gut gelingt und mich häufig loben
… tolerant sein und loslassen, wo und wann immer ich im Stande bin
… meine Energie regenerieren und mit meinem Fasspegel haushalten

... perfekt funktionieren, aber auf meine Art – selbstbewusst
... endlich gesund sein und Richtung weisende somatische Symptome nicht mehr brauchen
... den Weg bis hierher als glückliche Fügung mit wichtigen Chancen begreifen
... und viel Schönes, Erheiterndes, Erfüllendes, Gesundes und Traumhaftes mehr.

Tipp am Rande: Ergänzt selbst die Liste der Affirmationen, die euch gut tun und sucht euch die herrlichsten heraus. Ich habe mich mit den für mich zum jeweiligen Zeitpunkt bedeutendsten regelrecht „umgeben". Probiert das ruhig einmal aus: Schreibt euch eure positiv formulierten (das Unterbewusstsein kennt kein „nein"! Ich will nicht mehr ... = Was will ich stattdessen? = Ich will sofort ...!) Lieblingssprüche auf Zettel und verteilt sie an vielen alltäglichen Orten, etwa beim Badezimmerspiegel, im Geldbeutel, auf dem Nachtkästchen und am Computerbildschirm. Je öfter ihr euch eure guten Wünsche für die nächsten Wochen vorlest, desto besser. Denn irgendwann weicht auch der hartnäckigste Zweifler (in den Köpfen der meisten Menschen wohnt mindestens einer) seine stete Skepsis ein wenig auf.

Doch zurück zur Tabelle mit den Glücksprophezeiungen. Wie fühlt es sich für euch an, wenn ihr euch die nun positiv formulierten Statements euer künftiges Leben betreffend vor Augen führt? Hört ihr einen inneren Kommentar á la „nie und nimmer", „ich doch nicht", „schön wär´s" oder „so einfach geht das nicht"?

Dann hört doch – statt auf eure innere Stimme, die es bislang ja schon besser gewusst hat und euch dahin gebracht hat, wo ihr heute steht – mal eben auf mich! Nur kurz. Es ist nämlich tatsächlich alles eine Frage des Glaubens, der persönlichen Einstellung. Und – ob ihr es nun für möglich haltet oder nicht – die ist oft nicht einmal eure eigene, sondern eine, die ihr in die Wiege gelegt bekommen und übernommen habt, ohne euch dessen bewusst zu sein.

Weil ihr sie bislang niemals hinterfragt habt. Für den Burnout-Prozess und seine speziellen Triebkräfte ist diese Erkenntnis äußerst hilfreich. Weil hinter jedem negierten Glückwunsch meist ein (übernommener) Glaubenssatz steht, mit dem ihr eure Geschicke auf subtile Weise – nämlich über das Unterbewusstsein – selber lenkt. In die Bahnen, die eurer Gesundheit wenig nützen und euch insgesamt schaden.

Strategie 2
Wissen, was zählt: Wer das Richtige glaubt, gewinnt!

Wenn ihr es beispielsweise nicht für möglich haltet, dass ihr euch in den nächsten Wochen in genüsslichen Momenten sonnen werdet, dass ihr eure Zukunft in den schillerndsten Farben gestalten oder mit Leichtigkeit die sich stellenden Aufgaben des Lebens (inklusive Job) lösen könnt – was glaubt ihr dann von euch?

» Meint ihr etwa, dass ausgerechnet ihr es nicht wert seid, gut zu leben?
» Glaubt ihr ernsthaft, dass alle anderen Menschen glücklich sein dürfen, nur ihr nicht?
» Habt ihr es denn nicht verdient, ein beschwingtes, leichtes und reiches Dasein zu führen?

Falls ihr insgeheim nickt, kommt jetzt ein Neuanfang, der nur in eurem Kopf stattfindet. Und los geht es mit der simplen Frage, was ihr fortan von euch und über euer Leben glauben wollt. Ihr habt nämlich die Wahl und könnt euer Gedankengut selbst kontrollieren! Jawohl. Kontrollieren. Und über die Art eures Denkens ist es euch möglich, eure Laufrichtung bzw. euren Lebenskurs eigenmächtig bestimmen.

„Jeder ist seines Glückes Schmied", das weiß der Volksmund seit Jahr und Tag. Ich finde, an diesem Kalenderspruch ist einiges dran. Ich glaube, dass wir der Architekt nicht nur unseres Weltbildes und seiner selbst gemachten glaubenstechnischen Gesetzmäßigkeiten, sondern auch der infolgedessen real erlebbaren Bedingungen sind. Damit meine ich, dass wir uns selbst einigen Wechselwirkungen zwischen innerem Glauben und äußerem Erleben aussetzen – genannt auch „sich selbst erfüllende Prophezeiungen“ – die wir dringend aufdecken und durch neue, positive, gesunde, ganz bewusst gewollte und gewählte Gedanken-Resonanz-Ketten ersetzen sollten.

Exkurs: Was ich glaube ist Realität, oder?, Teil I

Bestimmt kennen einige von euch die Mähr vom Zirkuselefanten. Besagter Elefant wird als Jungtier an einen Pflock gebunden, welcher ihn um das Doppelte überragt und im Boden fest verankert ist. Die Schnur ermöglicht dem kleinen Grautier einen Laufradius von fünf Metern und ist befestigt an seinem linken Hinterlauf. Der Elefant wächst heran und – während er als Fohlen mit neugierigem Geist manchmal die erwachsenen Elefanten betrachtete und sich über deren Freiheit wunderte – akzeptiert schließlich sein Schicksal. Traurig. Finde ich auch.

Aber nur, solange man die Tatsache ausblendet, dass das nun selbst zum starken, erwachsenen Elefant gewordene Opfertier längst die Kraft hätte, den Pflock aus dem Boden zu stapfen und die Schnur mit seinen mittlerweile schnittigen Stoßzähnen zu zersäbeln. **Er verzichtet auf seine Freiheit, weil er glaubt, nicht anders zu können. Möglicherweise glaubt er auch, bleiben zu müssen oder dass er noch immer ein Opfertier ist.** Der Vorteil daran: er bekommt sein Futter vor die Nase gestellt und braucht sich um nichts zu kümmern.

Exkurs: Was ich glaube ist Realität, oder?, Teil II

Und noch eine Geschichte. Diesmal handelt sie von Affen: Es war einmal eine soziale Gemeinschaft in einem Affengehege. In dem Gehege gab und gibt es eine Treppe. Auf der höchsten Stufe lag schon immer und liegt noch heute eine Banane. Nun geschah es vor Jahren, dass immer, wenn ein Affe es wagte, die Treppe zu erklimmen, um nach der Banane zu greifen, die ganze Affenschar mit kaltem Wasser geduscht wurde.

Der entsprechende Täter-Affe wurde natürlich von der Gemeinschaft geächtet und gestraft. Im Laufe der Zeit wagte es in Anbetracht der Konsequenzen schließlich kein Affe mehr, einen Alleingang Richtung Banane zu starten. Die Jahre vergingen. Und selbst, als schon längst die nächste Generation Affen im Gehege Einzug gehalten hatte und keiner der Ur-Affen mehr lebte, denen die kalte Dusche am eigenen Leibe widerfahren war, wurde **der Glaubenssatz „Du darfst nicht nach der Banane greifen, sonst kommt die kalte Dusche“** (die übrigens im Rahmen der Restauration des Tiergartens schon längst entfernt worden war) noch als gängige Gesetzmäßigkeit gehandelt.

Beim Burnout sind verschiedene Antreiber am Wirken – persönlichkeitsbedingte Prägungen, die wir uns unbewusst angeeignet haben oder die uns anerzogen worden sind, ohne dass wir uns dessen bislang richtig bewusst geworden sind. Nicht, dass ihr mich falsch versteht. Es ist nicht alles, was wir stillschweigend von unseren Eltern oder von den Generationen davor mitbekommen haben – auch deren Glaubenssätze nicht – schlecht. Es liegt mir grundsätzlich fern, mir ein Werturteil anzumaßen, vor allem auch, weil die meisten dieser Überzeugungen in einem bestimmten Kontext ihre Richtigkeit, Wichtigkeit und vielleicht sogar Überlebensnotwendigkeit hatten. Genauso hatte die gruppenspezifische Überzeugung „Griff zur Banane führt zu kalter Dusche“ bei den Affen einst ihre Berechtigung. Und hätte der junge Elefant bereits im Babyalter seine Fesseln lösen können, wäre er vielleicht verhungert.

Für uns, die wir uns die Wirkmechanismen des Burnout näher ansehen wollen, um aus der vermeintlichen Mühle der Erschöpfung auszubrechen, ist die Ent-Deckung unserer Glaubenssätze in jedem Falle der erste Schritt in die gedankliche Freiheit. Denn hinter unseren zentralen Antreibern stecken meist unreflektierte und übernommene Glaubenssätze. Umgekehrt münden unsere Glaubenssätze oft in Antreiber-Botschaften, denen wir „hörig“ sind und nach deren Inhalten wir unser Dasein gestalten.

Übung: Die Entdeckung meiner persönlichen „Weisheit“ – diese Glaubenssätze treiben mich an!

Um eure internen Gesetzmäßigkeiten und tradierten Überzeugungen zu identifizieren, könnt ihr ganz spontan folgenden Lückentext ausfüllen. **Nicht nachdenken! Schreiben!**

Das Leben ist ______________________________.

Das Wichtigste ist ___________________________.

Arbeit ist ________________________________.

Familie ist _______________________________.

Zukunft bedeutet ___________________________.

Geld ist _________________________________.

Leistung ist ______________________________.

Ohne Fleiß _______________________________.

Glück ist ________________________________.

Zeit ist _________________________________.

Konflikte bedeuten ________________________.

Gefühle sind _____________________________.

Veränderung heißt _________________________.

Zukunft bedeutet __________________________.

Freude ist _______________________________.

Schicksal ist _____________________________.

Eigenlob ________________________________.

______________________________ kann ich nicht ertragen.

______________________________ will ich unbedingt erreichen.

______________________________ steht mir nicht zu.

______________________________ werde ich wohl nie richtig haben.

Alles ausgefüllt? Dann lest euch jetzt noch einmal in Ruhe durch, was ihr notiert habt. Seid ihr das ein oder andere Mal vielleicht verwundert, überrascht oder gar brüskiert, was ihr von euch gegeben habt? Ihr habt etwas von euch gegeben, etwas aufgedeckt: Glaubenssätze, die möglicherweise nicht eure eigenen sind. Will heißen, es könnte sich um Überzeugungen handeln, die ihr nie selbst so erfahren, sondern eventuell geerbt habt von euren Eltern, Großeltern, Urgroßeltern und der Generationen davor.

Typisches Beispiel:

Mein Glaubenssatz: Arbeit ist hart.

Meine Botschaften dazu: Streng dich an! Sei stark! Halte durch! Sei anderen gefällig! Sei schnell! Sei fleißig! Sei besser als andere! Beweise dich! ...

Um eure Glaubenssätze genauer zu prüfen, könnt ihr euch jetzt Satz für Satz fragen:

1) Ist das wirklich immer so?
2) Welche Ausnahmen kenne ich (i. S. v. habe i c h schon erlebt und/oder habe ich bei anderen Menschen bereits erlebt)?
3) Welche Ausnahmen halte ich bei mir zumindest für möglich?
4) Woher kenne ich diese Aussage: Gibt es jemanden in meiner Familie, von dem dieser Satz oder seine Botschaften stammen könnte(n)? Falls ja: Was könnte denjenigen oder diejenige bewogen haben (z. B. Lebensumstände), so zu denken?
5) Wie stehe ich momentan, wo ich ja gerade über mein Leben nachdenke, zu diesen Aussagen? Halte ich sie für unabdingbare Realität oder für veränderbar?
6) Was könnte ich zur Bestätigung meiner Glaubenssätze beitragen – was müsste ich weiterhin tun oder unterlassen, damit die Sätze genau so ihre Richtigkeit behalten?
7) Was könnte ich tun/unterlassen, um die Glaubenssätze zu dementieren?

Vielleicht ergeben sich gerade aus den beiden letzten Denk-Anstößen 6) und 7) weitere Glaubenssätze oder Botschaften bzw. Negationen. Klassische wären:

... kann ich nicht!

... darf ich nicht!

Für ... reicht meine Kraft nicht!

Ich bin nicht ... genug!

Ich habe kein Geld für ...!

Ich muss doch ...!

Andere machen doch auch...!

Mein Chef (alternativ auch Kollege, Freundin, Vater...) verlässt sich auf mich! Ich kann nicht „nein" sagen!

Undsoweiterundsofort.

Hat sich euer innerer Kritiker wieder zur Wort gemeldet? Dann nehmt ihn wahr, notiert seine Botschaften und wiederholt mit den sich im Laufe der Übung ergebenden, neuen Statements, die euch am persönlichen Fortschritt hindern, Schritt 1) bis 7).

Am besten, ihr verfahrt auch weiterhin nach diesem Siebener-Schema. Eignet es euch an und hinterfragt immer dann, wenn ihr merkt, dass euch etwas noch weiter in eine Missstimmung, in einen inneren Konflikt oder in eine ungünstige Situation hineintreibt als euch lieb ist, ob es wirklich so sein muss. Oder ob es auch Wahlmöglichkeiten gibt, die ihr selbst steuern könnt. So nehmt ihr euer Weltbild nach und nach in seinen sämtlichen Aspekten unter die Lupe und ersetzt veraltete, überlebte und schlichtweg unwahre Weisheiten und Botschaften „von gestern" durch neue, reflektierte Erlaubnisse, Bedürfnisse und Erkenntnisse. Schreibt euch eure eigenen Gesetze und gestaltet euch ressourcevolle, erfrischende und liebevolle Einstellungen, die euer Wohlbefinden fördern, statt weiter am Rad der Erschöpfung zu drehen.

Bald wird eure Realität eine andere sein. Eure eigene. Denn wie es in den Wald hineinschallt, schallt es zurück, oder auch: Wie ich sein möchte, so bin ich und was ich in meinem Leben vorfinden will, das suche ich mir. Unbewusst oder bewusst. Sei es die passenden Menschen, Berufsbedingungen, Wohnungen oder auch Tiere. Ja, wir sind unseres Glückes Schmied. „Täter“ mit vielen möglichen Handlungsoptionen, Entscheidungsalternativen, Fähigkeiten und Perspektiven. Alles andere. Nur nicht mehr länger ausgebrannte Opfer.

Exkurs zum Thema „Eigenlob stinkt“:

Bestimmt haben viele meiner lieben Leser, wie der Großteil der Teilnehmer meiner Seminare, den Glaubenssatz „Eigenlob ...“ mit dem muffigen Adjektiv „stinkt“ ergänzt. Ein Denkfehler, der den meisten von uns in die Wiege gelegt oder spätestens in frühen Lebensjahren anerzogen wurde. Mir drängt sich hierzu immer wieder folgendes Poesie-Album-Sprüchlein auf, das mir zu Schulzeiten häufig begegnete und sich in mein geplagtes Hirn eingebrannt hat wie die das Eisen am Pferdehuf: „Sei wie das Veilchen im Moose – bescheiden, sittsam und rein. Und nicht wie die stolze Rose, die immer bewundert will sein.“

Ich konfrontiere euch deshalb mit diesem Unfug, weil er die gleiche destruktive Qualität hat wie viele Glaubenssätze und Kalendersprüche, die in eurem Hier und Jetzt Unheil stiften ohne jemals hinterfragt worden zu sein. Außerdem ist diese veraltete Überzeugung für Burnout-prädestinierte Persönlichkeiten, die ja nach Feedback dürsten, von entscheidender Bedeutung. Folgt meinem Rat, diesmal gerne auch ohne ihn zu hinterfragen:

Lobt euch, so viel ihr nur könnt! Für alles Mögliche, das ihr leistet. Für die Dinge, die euch leicht von der Hand gehen wie für die Sachen, die euch schwer fallen. Für Alltägliches und Außergewöhnliches. Macht euch – am besten in eurem Timer, Tischkalender oder Tagebuch – transparent, was ihr im Detail vollbringt und was ihr in der Summe leistet. Für euch, eure Familie, eure Firma oder wen auch immer. Und klopft euch dafür am Abend jedes Tages kräftig auf die Schulter. „Gut gemacht!“ Wenn euch schon die Wertschätzung oder Anerkennung aus eurem Umfeld abhanden gekommen ist oder vorenthalten wird, dann übernehmt den Part des Mentors doch selbst! Ihr werdet schnell sehen, verstehen und begreifen: Ihr leistet reichlich und seid tolle Menschen, genau so wie ihr seid.

Strategie 3
Fühlen statt funktionieren: Erfahrungsfeld Körper

Ich habe mir gerade ausgerechnet, dass ich im letzten Jahr vermutlich um die 700 Kilometer gejoggt und mindestens noch einmal so viel spazieren gegangen bin. Wenn nicht mehr. Und darauf bin ich richtig stolz, weil ich es endlich verstanden habe, etwas für mich Gutes und Wertvolles kontinuierlich in meinen Alltag zu integrieren. Etwas, das nichts mit Geldverdienen zu tun hat. Und etwas, bei dem mich keiner beurteilt, das ich nur für mich (und, zugegeben, für meinen äußerst lauffreudigen Hund) mache. Vielleicht kann ich ja künftig in den Urlaub laufen und mir Flugzeugtickets sparen.

Was ich vorschlagen will, ist aber etwas ganz anderes als dass ihr euch gleich heute ins Zeug legen sollt, um beim nächsten Marathon in Topform und Bestzeit ins Ziel zu laufen. Ich bin sicher, einige von euch würden das problemlos meistern. Selbst, wenn sie gerade noch völlig ungeübt sind. Das haben wir Burnout-prädestinierte Persönlichkeiten nämlich weitestgehend gemeinsam: einen unglaublichen Leistungswillen und einen unbezähmbaren Ehrgeiz. Man muss uns nur genügend fordern und mit hinreichend Anerkennung locken, schon laufen wir auf Hochtouren. Und laufen, laufen, laufen.

Doch das gerade ist es ja nicht, wozu ich euch auch noch animieren möchte. Ganz im Gegenteil. Ich möchte euren Sinn für euch selbst schärfen, euer im wahrsten Sinne Selbst-Bewusstsein, damit ihr auf euren Körper hören könnt und der Verleugnungsfalle schnellstens entfleucht.

Aus meiner Sicht eignet sich das Laufen zur Burnout-Prophylaxe in zweierlei Hinsicht hervorragend:

Erstens kann man sich herrlich Luft machen, durchatmen, die Natur und ihre Veränderungen während der verschiedenen Jahreszeiten bestaunen (ja, auch Joggen im Winter macht Laune! Man muss sich nur richtig einmummeln – ist doch egal, wie man aussieht!), die ersten Sonnenstrahlen genießen und die letzten Schneeschauer beschimpfen, mit Hunden um die Wette oder vor kreischenden Kinderhorden davonlaufen, nette Kontakte zu anderen Joggern knüpfen, alte Sweatshirts wiederverwerten, das hochkalorische Essen vom Vortag abtrimmen, sein Gewissen bei anhaltender Süßigkeitenphase beruhigen, sich sagen, dass man ja trotz übergelegentlicher Weingelüste gar nicht so unsportlich ist und viel Gewinn bringendes mehr.

Und zweitens kann man sich und sein körpereigenes Sensorensammelsurium beim Joggen erstklassig live erleben. Und genau das sollten angehende Auftanker unbedingt wollen.

Der Burnout birgt, wie weiter vorne bereits beschrieben, ein unspezifisches Kollektiv aus den verschiedensten körperlichen Symptomen, die wir gerne geflissentlich überhören, -sehen und -spüren oder uns selbst mit den zur Verleugnung passenden Argumenten zurecht erklären.

Typische Rationalisierungen somatischer Begleiterscheinungen:

» „Ich habe zu wenig, zu viel oder etwas Schlechtes gegessen; bin anfällig für Magen-Darmerkrankungen; mein Kind ist auch krank“
bei häufigen Magenschmerzen

» „Ich habe gestern zu viel Wein oder zu wenig Wasser getrunken“
bei chronischen Kopfschmerzen

» „Ich verspanne mich am PC so sehr, sitze ungünstig oder die Matratze gehört ausrangiert“ bei Rückenschmerzen

» „Ich komme nachts nicht zur Ruhe“ (ja, warum wohl?!) bei ständiger Abgeschlagenheit

» etc.

Ertappt ihr euch gerade? Welches Argument zieht ihr gerne vor euch selbst und anderen zur Erklärung eines eurer wiederkehrenden Symptome gerne aus dem Ärmel?

Doch eben diese, in regelmäßigen Abständen wiederkehrenden Symptome und ihre körperlichen Vorboten (ja, die gibt es meist!) sind – wie unsere rege rotierenden Denkkreisel, verbalen Selbstzüchtigungen und uns ruhe-, rast- und oft schlaflos machenden Antreiber-Botschaften – klare Leuchtfeuer mit wegweisendem Potenzial. Wir sollten ihnen dankbar sein und sie keinesfalls negieren, wenn wir rechtzeitig aus dem Brennsystem aussteigen möchten! Und um genau dieses „Ohr" für uns selbst zu schulen, biete ich euch jetzt zwei Methoden an. Die eine heißt Joggen. Die andere ist etwas für fortgeschrittene „Spürnasen" und kommt später zur Sprache.

Vielleicht sind einige von euch gerade geneigt, die Seiten zum Thema Joggen zu überblättern. Würde mich nicht wundern. Ich habe festgestellt, dass Joggen polarisiert. Entweder die Leute lieben es oder die Menschen hassen es. Am meisten lehnen es, glaube ich, diejenigen ab, die frühes Aufstehen unmöglich finden, der Natur (außerhalb des Golfplatzes oder gesellschaftlich anerkannter Ski- und Wandergebiete) nullkommagarnix abgewinnen können und es letztlich auch viel zu anstrengend bis hin zu „out", „lahm" oder „ungesund für die Knochen und Gelenke" finden.

Für mich ist Laufen, in welcher Geschwindigkeit auch immer, die Fortbewegungsart, für die wir Menschen geschaffen sind. Wir haben eben keine Gott gegebenen Schwimmhäute, Flügel, Reitsporen, Reifen, Bungee-Seile oder ähnliches am Körper und das wird schon seinen Grund haben. Wir haben zwei Beine und können froh sein, wenn sie funktionieren. Für mich ist es vollkommen logisch, dass wir uns nicht nur laufend bewegend können, sondern auch – für unser innerpsychisches Gleichgewicht – Fortschritt in Form regelmäßiger Fortbewegung unter freiem Himmel dringend brauchen. Und weil man Joggen nahezu jederzeit und überall und günstiger Weise völlig umsonst ausüben kann (einzige Investition: ein neues Paar Laufschuhe pro Jahr für ca. 100 Euro), plädiere ich dafür: Probiert es aus, aber anders als üblich!

Professionelle Anleitungen, wie ihr ein ambitioniertes Lauftraining am besten aufbauen könnt, findet ihr bei mir aus verständlichem Grunde nicht. Ich bin schließlich weder Fitnesspapst, noch Sporttherapeut. Außerdem liegt es mir selbst völlig fern, ein strapaziöses lauftechnisches Fernziel ins Auge zu fassen. Ich habe nur einige interessante Anregungen, wie ihr das Laufen für euch nützen könnt. Ich betone: Für euch. Nicht als etwas, das wiederum an euren Kräften zehrt und euch geschwind weiter in die Erschöpfungsspirale treibt. Sondern als Möglichkeit, Frischluft zu schnappen, eure beanspruchten grauen Zellen zu lüften, eure körperlich-geistige Konstitution zu stärken – und um euch zu spüren.

Falls ihr völlige Lauf-Frischlinge seid, empfehle ich euch folgendes:

a. Nehmt euch erst einmal euren alltäglichen und wöchentlichen Tagesablauf vor und überlegt euch, wie ihr zunächst und möglichst ohne größere Termin-Gewaltakte (denn das ist ja schon wieder anstrengend) zwei Mal pro Woche ein halbes bis Stündchen für eure Jogging-Selbsterfahrung einräumen könnt. Im Winter eignet sich für die arbeitende Bevölkerung natürlich das Wochenende, wobei ihr aber wenigstens einen Tag zwischen den beiden Läufen vergehen lassen solltet. Im Sommer entzerrt sich das Zeitplanungssystem aufgrund längerer Helligkeit, die euch auch am Abend Spielraum und Lauffreiheit lässt
b. Zieht euch an, wie ihr wollt. Modisch muss nicht sein. Bequem genügt. Warm, wenn es kalt ist. Mit Cappy, wenn es regnet. Eben so, dass es euch nicht schon annervt, überhaupt nach draußen zu gehen
c. Dann beginnt ihr in kleinen Etappen. Ihr könnt euch erst einmal eine kurze, überschaubare Strecke vornehmen (ca. 1 km). Oder – wenn ihr relativ fit, weil anderweitig sportlich aktiv seid – ihr beginnt mit einer bestimmten Zeiteinheit (z. B. 15 oder 20 min – je nach Kondition)
d. Wichtig ist, dass ihr eure Streckenplanung in einem für euch SCHAFFBAREN Maße ansetzt. Kommt bitteschön NICHT in die Versuchung, schon wieder zu viel von euch zu verlangen. Ihr sollt unbedingt schaffen, was ihr euch vorgenommen habt. Damit ihr euch loben und freuen könnt und nicht frustriert vor Wirkungserfahrung kapituliert oder dieses Buch in die Ecke haut

e. Seid bei der Geschwindigkeit äußerst achtsam! Beginnt, so langsam es nur geht. Wenn ihr euch schon schneckenmäßig vorkommt, geht es trotzdem immer noch langsamer. Eure Atmung (z. B. vier Schritte ein-, vier Schritte ausatmen) sollte eure Richtlinie sein

f. Wenn ihr keine Luft mehr habt, kurzatmig werdet oder Seitenstechen bekommt, seid ihr zu schnell unterwegs. Gebt nicht gleich auf, wenn euer Körper auf euer zu hohes Tempo reagiert. Spürt gerade dann in euch hinein:
   - o Wie geht es euch jetzt?
   - o Wolltet ihr vielleicht (wieder einmal, weil bewährtes Muster) zu viel auf einmal?
   - o Was würde euch jetzt gut tun?
   - o Eine Weile gemächlich gehen? Das Tempo im Trab verlangsamen? Die Schritte verkleinern?

g. Auch, wenn eure Beine schwer scheinen wie Blei oder eure Muskeln mucken – fühlt in euch hinein! Was könnte helfen? Schritte verkleinern, Tritt leichter abfedern, Fuß mehr abrollen – vielleicht auch einfach mehr Leichtigkeit mit ein paar Hüpfern zwischendurch?

Wenn ihr das in schöner Regelmäßigkeit einige Tage und Wochen betreibt, seid ihr irgendwann so auf euch eingestellt und auf eure somatischen Signale geeicht, dass ihr kurzfristig unverzüglich auf sie reagiert. Langfristig werden sie euch dann vermutlich ganz erspart bleiben. Denn wer jederzeit auf sich achtet, braucht eben keine körperlichen Signale mehr. Wenn ihr dieses Prinzip ins tägliche Leben übernehmt, werden irgendwann auch eure Zipperlein und Krankheiten verzichtbar. Weil ihr sie schlichtweg nicht mehr braucht und ihr euch selbst ganz automatisch nur noch Gutes tut.

Wenn ihr nun euren eigenen Lauf- und Atemrhythmus sowie euer optimales Tempo gefunden habt, könnt ihr – wie auch die alten Laufhasen – anfangen, ein wenig zu experimentieren. Dazu einige metaphorische Impulse:

a. Ihr entscheidet euch, bevor ihr loslauft, für eine bestimmte Strecke. Lauft diese Strecke und erlaubt euch, falls es sich heute anstrengender anfühlt als gewöhnlich, schon vor dem gesteckten Ziel in einen gemächlichen Schritt überzugehen. Wie ist das für euch? Habt ihr Schwierigkeiten, euch diese „Kapitulation" entsprechend eurer momentanen Konstitution zu erlauben? Oder könnt ihr (schon) guten Gewissens Ausnahmen von euren ehrgeizigen Regeln und hohen Idealen zulassen?
b. Ihr habt euch für heute euer Ziel hoch gesteckt und lauft weiter als ihr es normalerweise gewohnt seid. Vielleicht merkt ihr gerade heute und erst während des Laufens, dass ihr ziemlich ausgepowert seid und ahnt schon, dass ihr eure geplante Strecke nur mit eisernem Willen durchhalten werdet. Puh! Und jetzt: Gebt die letzten hundert Meter mal so richtig Gas! Es geht noch mehr, wetten? Reißt euch zusammen! Strengt euch richtig an! Na, wie fühlt es sich für euch an, wenn ihr euch jetzt willentlich an die Grenze eurer momentanen Belastbarkeit begebt?
c. Nehmt euch wiederum eine Strecke nach Wahl vor. Statt eures normalen Lauftempos wählt ihr diesmal Etappen (man kann sich hierfür gut Bäume, Scheunen oder Schilder als Orientierungspunkte hernehmen), in denen ihr bewusst langsam und ganz locker lauft. Dann orientiert ihr euch wieder an einem 50 bis 100 m entfernten Punkt und sprintet mit konzentrierter geistiger und körperlicher Energie, mit eurem ganzen Willen und eurer geballten Muskelkraft. Dann lasst ihr wieder für ein Weilchen locker und trabt gemächlich dahin. Auch diese Erfahrung hat etwas Sinnbildhaftes. Denn es wird uns im Leben nicht erspart bleiben, einmal für kurze Zeit mit ganzer Kraft durchzuhalten. Und wenn wir uns im Anschluss Erholung versprechen, ist es im Großen und Ganzen – unter dem Strich sozusagen – einigermaßen erträglich und wir nehmen keinen Schaden

Exkurs: Schlapp machen gilt nicht!

Vor einigen Jahren – ich wohnte damals mit einem männlichen Schwergewicht zusammen – beschloss genau dieses, es mir gleich zu tun und mich beim Joggen zu begleiten. Da ich damals schon ein alter Laufhase war und es um meine Kondition – obgleich ich ansonsten nicht gerade gesund lebte – trainingsbedingt besser bestellt war als um seine, begingen wir jeden Parcour mit einem Strecken-Vorsatz. Ich war (selbstverständlich, und koste es, was es wolle) diejenige, die ihre Vorsätze regelmäßig einhielt. Und ging es mir gerade gut oder schlecht, war ich erkältet oder gesund, fertig von der Arbeitswoche oder müde vom Herumlumpen in der letzten Nacht. Egal. Ich hielt immer durch. Mein unsichtbarer Laufpartner (unsere Wege kreuzten sich ja nur am Start und im Ziel) hingegen, verfuhr jeweils nach Gutdünken und entwickelte logischerweise weder das von ihm angestrebte, leichtere Gewicht, noch konditionsmäßige Besserung. Ihr könnt euch nicht vorstellen, wie mich diese laxe Art damals in den Wahnsinn trieb. „Was für ein Weichei!", dachte ich Samstag für Samstag und verlor zeitweise gänzlich den Respekt. Heute denke ich ein Stück weit immer noch so. Wir haben einfach nicht zueinander gepasst. Aber ich habe auch verstanden, warum ich mich damals so in Rage lief: Ich hätte mir zu diesem Zeitpunkt – ein Jahr vor meinem Burnout – niemals nicht erlaubt, je nach Tagesverfassung kürzer zu treten oder eine vermeintliche Leistungsschwäche einzugestehen. Vor ihm nicht. Vor sonst niemandem. Und am wenigsten vor mir selbst. Heute weiß ich, dass es keine Schwäche ist, sich seiner selbst bewusst zu sein und achtsam in jedem Moment des Lebens neue Entscheidungen für sich zu treffen. Es ist eine Stärke, die uns stark und stärker macht!

Für mich hält meine alle zwei bis drei Tage stattfindende Jogging-Selbsterfahrung meist etwas Läuterndes bereit. Es kommt vor, dass ich totmüde und mal wieder niedergeschlagen loslaufe und putzmunter wieder nach Hause komme. Manchmal „weichen" meine Sorgen mit jedem Schritt und es gelingt mir, in einen meditativen Zustand zu gelangen, in dem die Gedanken ungefiltert und -beurteilt vor sich hin fließen. Schon viele gute Ideen oder neue Sichtweisen für Problemsituationen fielen mir gerade während des Joggens zu, wenn ich mich nicht willentlich danach verzehrte, sondern lockerflockig meines Weges trabte.

Es kommt vor, dass mir – trotz zigmal gelaufener Minimalstrecke – die Puste ausgeht, die Seiten stechen und erst wütende, dann angestaute Tränen strömen, was in der Regel recht befreiend ist. Es kann passieren, dass sich meine Glieder anfühlen, als wäre die Erdanziehungskraft variabel und besonders ausgeprägt, wo ich gerade bin, so dass ich nur mühsam vom Fleck krieche. Meist ahne ich dann schon, was Sache ist. Genau das passiert häufig und vor allem in Serie, wenn ich mir in meinem Leben wieder zu wenig Ruhe und Erholung gönne, mich geistig und körperlich zu sehr antreibe und es nicht schaffe, einen geplanten, morgendlichen Jogging-Trip zugunsten einer spontanen Zusatzmütze Schlaf ausfallen zu lassen. Es kommt auch zeitweilen vor, dass ich über Wurzeln stolpere, hinfalle, mit den Knien im Dreck oder mit dem Po im nassen Laub lande. Dann komme ich mir meist sehr verletzlich vor, was ich in diesen Zeiten meist auch wirklich bin.

Ihr seht: Ich bin nach wie vor die Person, die ich immer war. Wissend, dass ich mein Bewusstsein noch immer schärfen und erweitern kann, um mich von den Mechanismen des Burnout zu verschonen, höre ich nur genauer hin und in mich hinein. Verleugnen allerdings kann und will ich meine wichtigen körperlichen Wegweiser wahrlich nicht mehr.

Euer Körper hält jede Menge Informationen für euch bereit. Und je früher ihr ihnen Beachtung schenkt, desto höher ist die Wahrscheinlichkeit, dass ihr gesund bleibt und sich nicht erst Krankheiten manifestieren müssen, an denen dann schlussendlich niemand mehr vorbeisehen kann. Und deshalb: Gleich zu Strategie 4 und einer weiteren Anregung zur Selbstwahrnehmung.

Strategie 4
Zeichen deuten: Übersetzt eure Symptome!

Wer Dahlkes und Dethlefsens „Krankheit als Weg" oder Louise Hays „Gesundheit für Körper und Seele" gelesen hat, wittert vermutlich, was jetzt kommt. Die Jogging-Strategie zur Körpererfahrung mit den metaphorischen Interpretationen für das tägliche Leben sollte euch schon darauf vorbereiten: **Ich bin überzeugt, dass hinter so gut wie jedem körperlichen Symptom eine Information steckt, diese Information genau zur momentanen Situation passt und sie uns zum Handeln auffordern soll!**

Beim Joggen passt die körperliche Botschaft genau zu dem, was ihr gerade lauftechnisch von euch abverlangt. Sie soll euch dazu anregen, eine Lösung für den Moment zu finden.

Pragmatisch betrachtet: Wenn ihr beim Laufen atemlos seid (= Körpersignal), ist das Drosseln des Tempos die Lösung (= adäquate Reaktion).

Metaphorisch gedeutet: Bin ich im Job extrem überfordert und gestresst (körperliche Signale z. B. Kopfschmerzen, Kurzatmigkeit, Herzklopfen), könnte das Drosseln meines Arbeitstempos, das Setzen von Prioritäten, das Delegieren, der früher als sonst eingeleitete Feierabend oder ein Urlaubstag zwischendrin Raum zum Durchatmen verheißen (adäquate, individuell für mich stimmige Reaktionen).

Reagiere ich in beiden Fällen nicht und mache genau so weiter wie bisher – beim Laufen mit unvermindertem Tempo, beim Arbeiten bei unveränderter Situation – werden meine körperlichen Symptome stärker und stärker. Vielleicht wechseln sie auch und aus Kopfschmerzen wird Migräne mit Sehstörungen. Schlimmstenfalls jedenfalls geht irgendwann gar nichts mehr.

Selbstverständlich dürft ihr euer eigenes Weltbild gestalten, das ist euer gutes Recht. Genauso ist meine Anregung zur metaphorischen Deutung körperlicher Erlebnisqualitäten weder nur auf das Joggen, noch auf den Beruf begrenzt. Wer gerne oder lieber walkt oder schwimmt oder den familiär-privaten Bereich als Brennfaktor Nummer Eins erkennt, kann das Prinzip ebenso für sich nutzen. Dennoch sei in punkto Sport abschließend kurz erwähnt, dass sich eine Ausdauerbetätigung am ehesten eignet, die man alleine ausüben kann. Sonst lenkt ihr die Konzentration ja wieder nach außen, etwa zu eurem Sportpartner, und das müssen wir ja nicht üben. Wir orientieren uns ohnehin genügend an unserem Umfeld. Deshalb sollten wir besser lernen, auf uns selbst und unserer Signale zu hören. Das können wir aber nur, wenn wir das so dringend nötige Feingefühl für uns und die Vorgänge in unserem Kopf und Körper entwickeln.

Jedenfalls teile ich mit Dahlke, Hay und Co. wie mit zwischenzeitlich vielen sensibilisierten Medizinern und reflektierten Menschen die Meinung, dass wir, bevor wir eine Krankheit entwickeln, bereits Schaden genommen haben. Und zwar an unserem Geist. An der Psyche. An unserer Seele. Oder wie auch immer ihr den nichtphysischen Teil in uns benennen wollt.

Wenn wir in der Lage und mutig genug sind, die Zeichen, die sich bereits vor der körperlichen Krankheitsmanifestation zeigen, zu deuten und entsprechend zu reagieren, haben wir eine reelle Chance, gesund zu bleiben. Und Ausbrennen braucht dann auch keiner mehr, weil unser internes Frühwarnsystem bei jeder zu hoch lodernden Flamme Alarm schlägt. Im Keim erstickt wird erst einmal gar nichts. Denn manchmal fangen wir eben Feuer. Und das dürfen wir auch weiterhin: richtig engagiert, dynamisch, euphorisch sein. Nur im unschädlichen Maße eben.

Welche Informationen können nun hinter den Symptomen unseres Körpers stehen? Ich denke, die objektive Wahrheit als Antwort werden wir uns schuldig bleiben. Vermutlich ist es einfach auch individuell verschieden und muss immer im persönlichen Kontext gedeutet werden. Gut ist es auf alle Fälle schon einmal, wenn ihr den Informationsgehalt körperlicher Symptome anerkennt und wahrnehmt, egal, in welcher Situation sie euch „ereilen“ (oder: ihr sie euch zuzieht – auch eine interessante Sichtweise, weil tätermäßig von unserem Unterbewusstsein initiiert, statt opfermäßig von bösen Viren, Bakterien oder Freund Zufall auferlegt!). Noch besser ist es, wenn ihr euch an eurer ganz eigenen Deutung eurer körperlichen Signale versucht.

Wollt ihr es wagen? Hier habe ich euch zur Inspiration einige Beispiele, angelehnt an die einschlägige Literatur, zusammengestellt.

Einige Krankheitssymptome und ihre potenzielle Deutungsansätze:

Kopfschmerzen	Worüber zerbreche ich mir den Kopf?
	Was lastet auf meiner Seele?
	Was bringt mich ins Grübeln, gibt mir zu Denken? Und wo müsste ich handeln statt zu denken?
Bauchschmerzen (und Verdauung)	Was liegt mir im Magen?
	Was kann ich nicht verdauen?
	Was fresse ich in mich hinein? Und wo müsste ich handeln statt auszuharren?
Rückenschmerzen (und Verspannung)	Was lastet auf meinen Schultern?
	Was sitzt mir im Nacken?
	Was kann ich nicht ertragen? Und wo müsste ich handeln, um mich zu entlasten?
Schnupfen (und Erkältung)	Was steigt mir die Nase hinauf?
	Wovon habe ich die „Schnauze“ voll?
	Was schnürt mir die Kehle zu? Und wo müsste ich handeln, um wieder befreit durchatmen zu können?

Ohrenschmerzen	Was kann ich nicht mehr hören?
	Welcher Ton missfällt mir?
	Wer oder was ist mir zu laut, zu dominant in meinem Leben? Und wo müsste ich handeln, um mir Gehör zu verschaffen?
Schlaflosigkeit	Was lässt mich nicht zur Ruhe kommen?
	Was raubt mir den Schlaf?
	Was lässt mich hellwach sein, hellhörig werden? Und wo müsste ich handeln, um meine dringend nötige Ruhe zurück zu gewinnen?

Bitte bedenkt, dass es sich bei den beschriebenen psychosomatischen Bedeutungen um Möglichkeiten handelt. Die eine mag für euch und eure momentane Situation zutreffen, die andere weniger. Die Sprache eures Körpers könnt nur ihr selbst lernen und verstehen. Denn niemand anderer kann wissen, wie ihr euch fühlt. Und niemand sonst kennt die derzeitigen Rahmenbedingungen eures Lebens genauer als ihr, die ihr sie tagtäglich erlebt, erduldet oder erleidet.

Nur ihr könnt den für euch richtigen Bezug zwischen Kontext und Körpersignal herstellen. Vielleicht dauert es eine Weile, bis ihr zu eurem eigenen Sprachexperten werdet. Aber ich kann euch eines garantieren: je mehr ihr euch künftig Beachtung schenkt und je häufiger ihr Körperinformationen wahrnehmt und zu begreifen versucht, desto klarer wird euch die ein oder andere Krankheit werden. Umso früher wird euch eine Lösung einfallen und desto mehr übernehmt ihr die aktive Verantwortung für euer Wohlergehen. Und das ist dringend nötig, wenn ihr rechtzeitig aus dem Burnout-Mechanismus aussteigen wollt.

Exkurs: Es war einmal ein Zeichen...

Einst und schon lange Jahre vor dem Burnout hatte ich eine Lieblingskrankheit. Zuvor war ich die Gesundheit in Person gewesen. Kinderkrankheiten gingen an mir vorüber und auch später, während meines Studiums, fand ich (oder mein Unterbewusstsein) höchstens einmal eine Erkältung toll. Dann wurde ich zur Werbetexterin. Und als aus dem anfänglich berufungsmäßigen Spaß für mich beruflicher Ernst wurde – immer mehr Aufträge in immer kürzerer Zeit und immer mehr Kunden, die immer mehr Einsatz bei Nacht und Nebel forderten, statt sich in Ruhe über gute Texte oder überhaupt des Lebens zu freuen – bekam ich in immer kürzeren Abständen eine mich ganzheitlich lahm legende Magen-Darm-Grippe. Sie war jedes Mal kurz und heftig. Heftig genug jedenfalls, dass ich – ob ich wollte oder nicht – komplett darniederlag und Terminauftrag hin oder her absagen musste – ob es mir gefiel oder missfiel. Auch die mir so wichtigen Kunden waren mir kurzzeitig richtig unwichtig. Krankheit ist schließlich Krankheit. Ein triftiger Grund. Das stärkste Argument überhaupt. Natürlich fragte ich mich selbst nach zwei, drei Jahren des kontinuierlichen Elends, ob es hier mit rechten Dingen zuging: Ich trieb Sport, ernährte mich einigermaßen ausgewogen, hatte es als alleine im Homeoffice arbeitendes Wesen weder mit virusbehafteten Menschenmengen zu tun, noch mit Cholerabakterien im Kühlschrank. Nach unzähligen Wiederholungen begriff ich endlich, dass mir die Krankheit jeweils einen gehörigen Vorteil zur offenbar genau richtigen Zeit einbrachte, quasi einen Mehrwert. Und der war gar nicht schlecht: Ich konnte mich guten Gewissens zwei Tage ins Bett legen, denn die akute Symptomatik (Details erspare ich euch) dauerte jeweils nur eine Nacht. Danach war ich einfach erschöpft und ruhebedürftig. Wahrscheinlich war ich das auch schon vorher. Nur das Ausruhen untersagte ich mir selbstredend strengstens. Weil ich seinerzeit weder das Wort „Abgrenzung“ kannte, noch gewagt hätte, ein „Nein, das geht leider nicht!“ von mir zu geben. Das lag mir dann zeitweise im Magen und vergällte mir die Lebenslust. Ich wollte es jedem recht machen und blieb dabei auf der Strecke. Bis ich gezwungenermaßen Ruhe gab. Die letzte Magen-Darm-Episode ereignete sich im Januar 2005. Im März mahnte mich der fortgeschrittene Burnout zur Auszeit. Seitdem – und das ist mittlerweile zwei Jahre her – habe ich mich von meiner einstigen Lieblingskrankheit dankend verabschiedet. Ihre Botschaft habe ich verstanden. Jetzt kann ich auf ihre „Hilfe“ verzichten.

Strategie 5

Bewusst-sein entwickeln: Bei euch seid Ihr der Chef!

So. Nun wisst ihr also, was ich über Krankheitssignale denke. Doch schon lange bevor sich eine Krankheit oder auch nur ein körperliches Missempfinden in der Form manifestiert, die wir dann nicht mehr ignorieren können, gibt es Anzeichen. Gedanklicher und gefühlsmäßiger Natur. Hierzu möchte ich euch in diesem Kapitel eine kleine Visualisierungsübung ans Herz legen. Sie ist der Neurolinguistischen Programmierung (NLP) entnommen und deshalb interessant, weil sie euren Spürsinn für euch selbst schulen kann. Falls ihr das wollt. Falls nicht, wird euch einiges entgehen. Denn das NLP baut unter anderem auf die interessante Annahme, dass wir Menschen ein „Kybernetisches System" sind, das die drei Bereiche Körper, Gefühlsleben und Gedanken subsumiert. Diese drei Bereiche hängen nicht nur zusammen, was ja logisch ist, weil sie alle zu uns gehören. Sie sind auch wechselseitig – und nebenbei bemerkt auch willentlich – beeinflussbar. Will heißen:

Wenn ich traurig bin (Gefühl) und missmutig vor mich hin grüble (Gedanken), drückt sich das nach außen hin wahrnehmbar aus etwa durch einen zu Boden gerichteten Blick, hängende Schultern und einen langsamen, getragenen Gang (Körper). In diesem Falle drückt sich also in der bestimmten Körperhaltung ein Allgemeinbefinden aus. Ich könnte als Beobachter von dieser Körperhaltung aus Rückschlüsse auf das Befinden eines Mitmenschen ziehen.

Und jetzt das Spannende: Es funktioniert auch andersherum!

Bin ich traurig und beobachte ich mich selbst gut genug dabei, wie ich dieses Gefühl gedanklich und körperlich interpretiere, kann ich mich als Chef meines kybernetischen Systems nützlich machen. Ich kann beispielsweise selbstbewusst (= mir selbst bewusst) meine Haltung korrigieren, den Blick gen Himmel richten und ein Lächeln auf meine Lippen zaubern. Schon geht es mir nicht mehr ganz so schlecht, gefühlsmäßig, eben weil meine Haltung auf mein emotionales Empfinden wirkt.

Das Gefühlsleben via Körperhaltung zu „optimieren“ mag echt anstrengend sein, wenn man wirklich traurig ist, aber es wirkt ein wenig. Testet es ruhig einmal selbst.

Eine andere Möglichkeit, auf mein Allgemeinbefinden mittels Kybernetik einzuwirken, ist mein Gedankengut. Kreisen meine Gedanken um immer wieder dieselben Sorgen (und das drückt sich dann sowohl emotional, als auch physisch – z. B. Niedergeschmettertheit plus Kopfschmerzen, Augenflimmern – aus), ist es mir möglich, zum Gedankenkontrolleur zu avancieren und gegenzusteuern.

Exkurs zum Thema Gedankenkontrolle:

Gedanken haben einen wesentlichen Einfluss auf mein gefühlsmäßiges Befinden und auf mein Verhalten. Bei einer depressiven Verstimmung etwa sind grüblerische, negative und destruktive Gedanken meist in erheblichem Maße mitbeteiligt. Oft dreht sich das Denken um immer dasselbe und man kommt scheinbar nicht mehr dazu, seine eigene Sichtweise um zuversichtliche Impulse zu erweitern, geschweige denn den mentalen Wirbel etwas zu entschleunigen. Nach einiger Zeit stellt sich dann der berühmte Tunnelblick ein und gemäß der selektiven Wahrnehmung gelangt nur noch das ins Sichtfeld, was zum negativen Gedankengut konform geht. Hierzu ein zweistufiges Vorgehen, das ihr ganz einfach anwenden könnt, wenn ihr euren Horizont erweitern wollt:

Stufe 1: Stopp!

Die Stopp-Technik stammt aus der Verhaltenstherapie und meint im Grunde nichts anderes, als sich selbst bei immer wiederkehrenden, im Moment nichtsnutzigen Gedankenkreiseln und destruktiven Denkroutinen ein striktes „Stopp!“ entgegen zu setzen. Das kann laut oder auch innerlich geschehen, wenn ihr niemanden um euch herum verschrecken möchtet. Wichtig ist nur, dass ihr wahrnehmt, wenn ihr gerade von unkontrolliertem Denken gepeinigt werdet und dem ein Ende setzt. Denn es bringt in der Regel einfach nichts. Weder trägt es zur Lösung bei, noch erhellt es eure Stimmung. Ganz im Gegenteil.

Stufe 2: Was passiert JETZT?

Wenn ihr den Denkprozess gestoppt habt, lenkt ihr euch ab, in dem ihr euch ganz bewusst auf die Dinge konzentriert, die euch gerade umgeben. Beim Autofahren kann ich mir beispielsweise selbst erzählen, was gerade geschieht und was ich augenblicklich erlebe. „Die Ampel ist rot. Ich sehe da drüben einen kleinen Hund mit einem Ball. Jetzt schaltet die Ampel um. Ich fahre an. Der vor mir bremst.“. Beim Spazierengehen kann ich meinen Fokus ebenso selbst bestimmt auf all das lenken, das mich umgibt. „Ich höre die Vögel zwitschern. Die Luft ist kühl. Da vorne spielen Kinder…“.

Klingt banal. Wirkt aber. Und ein genüsslicher Nebeneffekt dieser Methode: man schaltet für einige Zeit diese innere Stimme aus, die gerne alles kommentiert, kritisiert und bewertet. Genau von daher kommen nämlich häufig Zweifel, Minderwertigkeitsgefühle und andere elende Emotionen, die der positiven Weltsicht wenig förderlich sind.

Übrigens: Meine Einladung, diese zweistufige Technik auszuprobieren, heißt nicht, dass ich eine Befürworterin der „wir-verschieben-alles-bis-es-sich-nicht-mehr-aufschieben-lässt-oder-für-mich-entschieden-wird-Taktik“ bin. Nein. Die beiden Methoden sollen euch lediglich dazu anhalten, eure Gedanken bewusst zu prüfen und zu steuern, wenn sie euch zu schaden und zu deprimieren beginnen.

Habt ihr eure Denkroutinen zur Ruhe gebracht und somit schon ein Stück weit willentlich gesteuert, könnt ihr im Anschluss gleich noch zwei weitere Anregungen verinnerlichen. Und zwar…

… falls euer Gedankenmuster um eine **„wenn, dann“-Problematik** kreist (z. B.: „Wenn ich es nicht schaffe, diese Situation zu meistern, verliere ich vielleicht irgendwann meinen Job und dann kann ich mir meiner Existenz nicht mehr sichern“ oder „Wenn ich mich weiterhin so kraftlos fühle, dann wird es vielleicht schlimmer und schlimmer und irgendwann funktioniere ich gar nicht mehr“):

Haltet euch zur **Strategie der kleinen Schritten** an. Also nicht schon heute an morgen und übermorgen und nächstes Jahr denken. Sondern sagt euch:

Im Moment ist das mein Problem. Es ist schwierig für mich, das auszuhalten. Der nächste Schritt ist … . Dann sehe ich für mich weiter. Jeder Tag ist ein neuer Tag. Und jeder Tag kann für mich etwas Neues eröffnen, das mich (in meinem Denken und auch sonst) weiter bringt.

… falls das, worum euer Denken kreist, **eine konkrete Situation von vielleicht geringerer, aber ebenso beschwerlicher Tragweite betrifft** (z. B. „Ich komme mit meinem Vorgesetzen/meinem Kollegen einfach nicht klar" oder „Meine familiäre Situation setzt mir zu. Ich weiß nicht, wie ich das lösen soll. Denn es bedeutet für mich, ich bin … (unfähig, ein Versager, überfordert, inkonsequent, etc.))":

Überlegt euch einmal eine **neue Be-Deutung** für diese Situation. Daraus könnt ihr ein richtiges Brainstorming machen. Und manchmal hilft es, sich die Situation zu notieren und sich zu fragen, was ein guter Freund oder ein anderer euch wohl gesonnener Mentor dazu sagen würde oder wie er die Situation interpretieren könnte. Vielleicht soll euch die Situation auf irgendetwas ganz anderes aufmerksam machen? Womöglich soll sie euch zeigen, dass ihr zu viel/zu wenig Verantwortung übernehmt? Eventuell kann sie ein Signal sein, dass ihr etwas (einen eigenen Anspruch, ein Ideal, euren Perfektionismus) überprüfen und loslassen sollt? Oder die Botschaft lautet, dass ihr nicht alleine dafür gerade stehen müsst, ihr jemanden ebenso Beteiligten mit in die Verantwortung nehmen müsstet? Es gibt für eine Situation in der Regel mindestens drei Deutungsmöglichkeiten. Seid kreativ!

Doch zurück zum kybernetischen Zusammenspiel aus Körper, Gedanken und Emotionen. Ich habe euch nun in Aussicht gestellt, dass ihr selbst Herr eurer Lage sein und werden könnt, wenn ihr als autarke Weichensteller über eure inneren Vorgänge regiert. Und jetzt möchte ich noch einen Schritt weiter gehen und das vorige Kapitel zur Deutung somatischer Zeichen mit den Chefallüren in Verbindung bringen. Dazu eine weitere Annahme aus dem NLP, die ich genauso genial wie die erste finde. Weil auch sie zur Eigenverantwortlichkeit aufruft und der Opferrolle ihre Substanz entzieht.

Sie lautet, dass hinter jedem Verhalten eine positive Absicht steht und meint, dass auch ein offenbar schädliches oder selbstzerstörerisches Handeln (z. B. Rauchen, Alkohol, Süßigkeitensucht) eine für uns in diesem Moment (noch) wichtige und positive Bedeutung hat. Be-deutung. Da haben wir es wieder.

Die Annahme lässt sich meines Erachtens auch auf körperliche und emotionale Befindlichkeiten erweitern. Die zeigen sich in nahezu jedem Konfliktfall. Und sie wollen uns, der positiven Absicht gemäß, etwas mitteilen!

Ein leibhaftiges Beispiel: Ich habe mich dabei ertappt, dass ich immer dann, wenn jemand Druck auf mich ausübt bzw. ich den Druck auf mich zulasse (meine Verantwortung, es zwingt mich niemand dazu, das so zu empfinden!), diesen Druck körperlich frontal oberhalb der Brust empfinde. Ich fühle mich dann wie eingeschnürt, beengt, „in die Enge getrieben" und das Atmen fällt mir schwer.

Übung: Gestaltet euren Konflikt!

Jetzt zu euch: Nehmt euch einen Moment Zeit und denkt darüber nach, was euch zum Thema Konflikt einfällt. Es gibt viele Dauerkonflikte in unserem Leben. Das sind mögliche Brennpunkte, gegen die wir löschender Weise etwas unternehmen sollten. Vielleicht seid ihr von Berufswegen mit stets ähnlichen Problemsituationen konfrontiert (z. B. Auftrag kurz vor Feierabend, den nur ihr erledigen könnt/wollt/müsst, regelmäßig werdet ihr ungerechtfertigt von bestimmten Personen kritisiert, gemobbt oder einfach nicht entsprechend honoriert) oder in eurer Partnerschaft gibt es hitzig aufflackernde Leuchtfeuer zu bestimmten Themen.

Rekonstruiert einmal einen solchen Konflikt. Erlebt ihn noch einmal vor eurem inneren Auge. Schreibt ihn nieder, wenn es hilft, die Gefühlslage zu vergegenwärtigen. Oder erzählt ihn einem vertrauten Menschen. Bestimmt kommt das Erleben dieses Momentes wieder hoch.

Und jetzt beantwortet euch selbst einmal folgende Fragen:

- Wenn ihr den Konflikt körperlich lokalisieren solltet, wo wäre er? Wo spürt ihr ihn?
- In welcher Art spürt ihr in (z. B. als Druck, Schwere, Stich)?
- Hätte dieses Gefühl eine Gestalt, eine Form – wie würde es aussehen und wie könnt ihr es beschreiben (z. B. als Brett, Schlinge, Würfel)?
- Welche Größe hätte die Gestalt? Welches Material? Welche Beschaffenheit (z. B. hart, weich)? Welche Farbe? Welche Temperatur?
- Lasst die Konfliktgestalt vor eurem inneren Auge konkret werden – oder zeichnet sie auf, wenn es euch dann besser gelingt!
- Und jetzt fragt euch – oder sie, die Gestalt – was sie für euch Nützliches hat: Wozu ist sie da? Was will sie euch sagen? Welche Impulse hat sie für euch? Lasst hier eure spontanen Ideen zu, selbst wenn sie zunächst absurd erscheinen!

Bei meinem leibhaftigen Beispiel von vorhin habe ich auf genau diese Weise folgendes festgestellt: Druck erlebe ich in der besagten Brustgegend als beengende Last, die mir die Luft nimmt und ein klein wenig Panik erzeugt. Wenn ich diesem Erleben eine Gestalt gebe, sehe ich einen gläsernen Kasten, rechteckig, ungefähr 50 cm Kantenlänge, innen hohl und etwa zehn Kilo schwer. Ich habe das Gefühl, als ob dieser Glaskasten auf meine Brust drückt. In dem Kasten sind all meine Überzeugungen, Ideale und Moralvorstellungen, die zu der Situation gehören und die es in meiner Vorstellung zu erfüllen gilt. Die positive Absicht der Druck-Szenerie, erzeugt durch meinen Glaskasten, der von außen an mich herangedrückt wird?

Diese Erkenntnisse habe ich für mich gewonnen:

- Ich halte mein Fähnchen hoch, habe hochqualitative (idealistische?) Überzeugungen, wenn es um meine Arbeit geht
- Demjenigen, der von außen an mich herantritt, z. B. mit den Worten „Wir brauchen den Anzeigentext am besten gleich!“, sind diese Werte nicht bewusst (und sowieso egal) – er hat seine eigenen
- Ich nehme mir quasi meinen Glaskasten selbst zur Brust – es sind m e i n e Werte, nicht von außen gemachte – und empfinde mich erdrückt. Ich bin der Macher!
- Dabei kann ich mir selbst überlegen, in welchem Moment ich meine Werte geltend mache und wann nicht. Ich kann den besagten Anzeigentext auf die Schnelle texten, auch wenn ich glaube, dass die Qualität leidet. Ich kann eine mit meinen Idealen mehr übereinstimmende, terminliche Kompromisslösung zur Sprache bringen. Oder ich kann den Auftrag ablehnen. In die Enge getrieben m u s s ich mich in allen Fällen nicht mehr fühlen. Somit habe ich die Wahl und nicht nur eine mögliche Reaktion im Repertoire

Wenn es euch gelingt, in einer Konfliktsituation ein Stück weit „bei euch“ zu bleiben und wahrzunehmen, was gerade vor sich geht, könnt ihr eure Wahlmöglichkeiten und Handlungsalternativen deutlicher sehen und euer auf Dauer krankmachendes Konfliktpotential womöglich anders ausagieren. Mit deutlichen Worten, konkreten Entscheidungen und insgesamt einer unmissverständlichen Haltung zu bestimmten Brennpunkten, mit der ihr wiederum Resonanz erzeugen werden. Und zwar eine veränderte, Gewinn bringendere als die bisherige.

Ich kann euch versichern: Habt ihr erst einmal begonnen, dieses von mir dargelegte Gedankengut zumindest für möglich zu halten und euch dann und wann in Live-Situationen vergewissert, dass es tatsächlich hilft, dann dauert es nicht mehr lange bis zur Wirkung. Denn Erfolg ist die Folge eures Denken, Fühlen, Seins.

Strategie 6
Abstand halten: Bis hierher und nicht weiter, bitte sehr!

Ich gehe jetzt einmal davon aus, dass die meisten von euch den Film „Dirty Dancing" gesehen haben und sich an die Szene erinnern können, in dem Patrick Swayze alias Jonny seinem „Baby" Jennifer Grey den richtigen Tanzabstand zeigt. „Das ist mein Bereich, das ist deiner". Ja, liebe Leute. Und so ist das auch im wirklichen Leben, durch das wir mal leichten, mal ungelenkeren Schrittes tänzeln oder stampfen. Jeder hat seinen ganz individuellen Bereich, der von ganz persönlichen Grenzen umgeben ist.

Grenzüberschreitungen kann man fühlen. Sie bringen etwas in uns in Bewegung. Denkt nur daran, wie es euch geht, wenn euch eine euch fremde Person im Aufzug auf die Pelle rückt. Oder wenn euch ein ignorantes Wesen von hinten mit dem Einkaufswagen auf den Hacken hängt. Oder wenn euch jemand beim Bummeln in der Fußgängerzone anrempelt. Was macht ihr in einer solchen Situation gewöhnlich? Kommt natürlich auf die Situation an, verständlich. Doch grundlegend gibt es auch typische Verhaltensmuster, die ihr euch ansehen solltet.

» Es gibt den **defensiven Typ,** der ausweicht, zurückweicht, Platz macht. Der seine Grenzen wahrt, in dem er dem „Aggressor" Raum schafft.
» Es gibt den **passiven Typ,** der die unangenehme Grenzübertretung von außen aushält und – wenn überhaupt – nur innerlichen Groll hegt.
» Und es gibt den **offensiven Typ,** der seinen Geltungsbereich aktiv und selbstbewusst verteidigt, in dem er für sich selbst einsteht und den Eindringling seinerseits in dessen Schranken weist.

Ratet mal, zu welcher Option ich euch ermuntern möchte!

Gut geraten. Ich möchte zu mehr Aktivität aufrufen. Denn die hat auch mit Eigenverantwortung zu tun.

Außerdem haben Brennpunkte und ihre Folgen oft genau mit der sich selbst auferlegten oder vermeintlich unumgänglichen Passivität zu tun: man hält eine Situation, die einem schadet, einfach stillschweigend und meist viel zu lange aus. Ohne jemals selbst in die Puschen zu kommen und sich und seine Grenzen in adäquater Weise zu verteidigen. Das zermürbt, reibt auf und zehrt schließlich an den körperlich-seelischen Kräften.

Mit adäquater Weise meine ich die Angemessenheit. Schließlich sind wir nicht im Tierreich, wo alles ganz einfach gelöst ist. Mit der Hackordnung bei den Hühnern oder der so genannten Stutenbissigkeit etwa. Wir finden andere Wege der Verteidigung, um andere zu züchtigen. Erstens verbale und zweitens handlungstechnische. Doch zunächst stellt sich die Frage, wo und in welcher Art Grenzüberschreitungen überhaupt vorkommen. Denn die Beispiele, die ich aufgeführt habe, sind ja allesamt körperlicher Natur. Im Geschäfts- oder Privatleben sind aber vielmehr die verbalen Ein- und Übergriffe auf den individuellen „Tanzbereich" bedeutsam – was wiederum nicht heißt, dass sie weniger spürbar sind oder keinen Schaden anrichten können.

Mit der Visualisierungsübung im vorigen Kapitel wollte ich eure Wahrnehmung sensibilisieren für das, womit ihr „von außen" konfrontiert werdet und was es „in euch" bewirkt. Wenn ihr sowieso schon sensibilisiert und sensitiv genug seid, könnt ihr auch Grenzübertretungen verbaler Natur, die auf euer emotionales und körperliches Empfinden Einfluss nehmen, deutlicher erkennen. Und genau darum geht es: Unsere Grenzen im Privatbereich oder im Business sind gleichzusetzen mit der Verantwortlichkeit, die wir tatsächlich haben. Nicht die Verantwortung, die uns von anderen auferlegt wird und zu der wir quasi genötigt werden. Sondern die Verantwortung, die nach unserem subjektiven Selbst-Bewusstsein unsere eigene, hausgemachte ist und zu der wir stehen können und wollen, ohne daran zu verbrennen. In allerletzter Konsequenz (wenn es schon schlimm um uns Ausbrenner steht) sind wir sogar, finde ich, für nichts und niemanden verantwortlich und keinem etwas schuldig. Nur uns selbst sind wir es jederzeit schuldig, gesund und kraftvoll am Leben zu bleiben, so lange es nur geht. Und davon profitieren dann ja auch unsere Mitmenschen und Angehörigen.

Grenzen spüren, verteidigen, setzen und handeln: Zwei (Positiv-) Beispiele zur Illustration

Eine meiner Freundinnen hat eine zweieinhalbjährige Tochter. Ihr Mann bringt das Geld nach Hause. Sie möchte ihre eigene berufliche Selbständigkeit nicht vollends der Nesthüte- und Aufzuchtspflicht opfern. Beides ließ sich in den ersten beiden Lebensjahren der Tochter nicht miteinander vereinbaren. Doch sobald die Kinderkrippe für die Kleine nutzbar wurde, gab es die Möglichkeit zum Kompromiss zwischen Mutterrolle und Karriere. „Ich bin die einzige Mutter hier im Ort, die ihr ganz kleines Kind von Montag bis Freitag vormittags da abgibt", erzählte mir meine Freundin. „Das lässt einige denken, ich sei eine Rabenmutter! Aber jetzt bin ich deutlich ausgeglichener. Und davon profitiert schließlich auch meine Tochter."

Meine Freundin geht sich selbst bewusst ihren Weg und entscheidet ungeachtet dessen, welches Grenzgefüge ihr andere aufzwingen möchten, welche Verantwortung sie tatsächlich tragen möchte und kann, so dass es ihr dabei wirklich gut geht.

Eine andere Freundin, Krankengymnastin, hat nach ihrem Burnout vor einigen Jahren ebenfalls ihre Grenzen erkannt, danach gewahrt und seither gewürdigt: Zunächst entschied sie sich für eine geringere Wochenarbeitszeit. Dann integrierte sie angenehme und ausgleichende Freizeitbeschäftigungen in ihr Leben. Und auch als es ihr wieder richtig gut ging, blieb sie bei der 25-Stunden-Regelung in der Praxis. Denn sie wusste, dass sie das permanente Klagen der Patienten und der zügige Behandlungstakt mittelfristig wieder gefährden könnten. Also übernahm sie lieber in Ergänzung eine erfüllende und weniger belastende Teilzeitstelle als Lehrerin in einer Schule für Physiotherapie.

Die Verantwortung, die ihr andere in der akuten Phase auferlegen wollten (Stunden reduzieren? Du verdienst ohnehin zu wenig. Und was, wenn du deinen Job verlierst?), war nicht kongruent mit ihrer eignen, wahrhaftigen. Der respektvolle Umgang mit ihren Grenzen hat sie genau dahin gebracht, wo sie heute steht: zu einem gesunden, glücklichen, abwechslungsreichen und auch finanziell reicheren Dasein – fern vom Burnout.

Unsere Grenzen spüren, anerkennen und respektieren können und sollten wir in kleinen Details des täglichen Lebens und im großen Ganzen: Wenn euch euer Vorgesetzter einmal wieder mehr Arbeit aufbrummt als ein normaler Mensch schaffen kann. Wenn eure Überstunden ins Immense wachsen und ihr mit Urlaub ständig vertröstet werdet, weil suggeriert wird, ihr seid unentbehrlich. Wenn der nervigste Job des Teams in schöner Regelmäßigkeit an euch hängen bleibt. Wenn euch eure Kollegin mit dem Auftrag alleine sitzen lässt, weil ihre Kinder krank sind oder ihr Mann nölt. Wenn euch ein Kunde kurz vor Feierabend eine Korrektur aufzwingt, die euch über Nacht an den Schreibtisch fesselt. Wenn euch euer Partner mit immer neuen Verpflichtungen versorgt, die ihr selber nicht so und schon gar nicht jetzt wollt. Wenn ihr zu später oder einfach ungünstiger Stunde zum Krisengespräch mit eurer Frau oder Freundin genötigt werdet. Wenn euch eure Schwester zum x-ten Mal nachts anruft, weil sie Stress mit ihrem Lover hat. Oder der Bruder betrunken vor der Türe steht. Wenn euch eure Eltern ohne euer Einverständnis zur Gartenarbeit oder zum Besuch bei Oma einteilen. Wenn ihr ungebetene Gäste bekommt, die eure rare Erholungszeit stehlen und euren Kühlschrank plündern. Wenn eure Katze schon wieder eure Ikea-Standleuchte aus Reispapier zerstört hat. Und, und, und.

Wann immer euch Erlebnisse in immer gleicher Weise, nach einem bestimmten Muster oder weil das eben schon immer so war, widerfahren, die euch definitiv nicht gut tun und noch nie so richtig gut getan haben – **verteidigt eure Grenze, schafft euch Freiräume und reagiert deutlich!**

Wie ihr das hinkriegen könnt? Nun, der erste Schritt wäre schon einmal, dass ihr einfach überlegt, wo und wie oft es solche „Muster“ in eurem Leben gibt und welche Personen die „Haupt-Grenzüberschreiter“ sind. Fallen euch spontan keine Situationen ein, dann habt ihr es vermutlich gerade mit einem inneren Widerstand zu tun, der uns gemäß Sigmund Freud vor dem Aufdecken tiefgründiger Wahrheiten oder auch heftiger Konflikte „schützt“. Auch hier sind wieder Glaubenssätze im Spiel. Vor allem, wenn diese Konflikte mit uns nahe stehenden Personen oder Autoritäten zu tun haben. Ihr erinnert euch? „Aber ich muss doch gefällig sein!“ Nein, musst du nicht!

Bringt einfach testweise zu Papier, was ihr in der letzten Woche alles gemanagt und gemeistert habt. Tag für Tag und Stunde für Stunde. Und dann notiert hinter eurem Wochen-Stundenplan, welche Aktionen wirkliche Notwendigkeiten waren und welche zusätzliche, von außen aufgebürdete Belastungen gewesen sind, die ihr hättet abwehren wollen, wenn ihr euch eurer Grenzen bewusst und in der Lage gewesen wärt, diese zu verteidigen. Bestimmt werdet ihr fündig.

Viele Ratgeber motivieren nun, schlicht und einfach das „Nein-sagen“ zu lernen. Aber das ist mir zu einfach, weil es in der Realität oft entweder zu schwierig oder schlichtweg unmöglich ist. Wenn mein Vorgesetzter mir eine zusätzliche Aufgabe kurz vor Feierabend präsentiert, kann ich nun einmal nicht locker-flockig kontern: Nein, mache ich nicht. Das würde vielen von euch sicher schaden. Und es wird außerdem immer wieder Situationen geben, in denen wir nicht mit offensiver Grenzverteidigung „punkten“ können.

Fangen wir aber trotzdem mit genau dieser brenzligen Situation an. Mein Chef bittet mich in einem ungünstigen Augenblick, eine zusätzliche Aufgabe zu übernehmen. Ich merke, dass passt mir nicht, weil ich entweder andere (private oder berufliche) Pläne habe, der Meinung bin, das gehört nicht in meinen Verantwortungsbereich oder glaube, dass die Aufgabe noch warten kann. Jetzt ist es erst einmal wichtig, zu spüren, welche Stellung ihr wirklich beziehen wollt und diesen Standpunkt dann diplomatisch zu formulieren. So, dass der Chef sich nicht zurückgesetzt oder gar in Frage gestellt fühlt.

Ihr könnt beispielsweise folgendermaßen parieren:

„Kein Problem. Das mache ich gerne für Sie (und ich finde es toll, dass Sie mir diese Verantwortung zutrauen...). Im Moment allerdings bin ich noch mit Projekt XY beschäftigt. Wir müssten zusammen entscheiden, welche Priorität was hat, damit ich mich der einen oder anderen Sache konzentriert und qualitativ gut widmen kann. Was meinen Sie? Was soll ich zuerst machen und was kann bis morgen warten?“

Oder auch:

„Kein Problem, mach' ich! Nur fühle ich mich heute schon ziemlich erschöpft. Aber gerade für diese Aufgabe brauche ich einen klaren Kopf (Ruhe, Zeit...). Ich schlage Ihnen deshalb folgendes vor: ....“

Ich finde es grundsätzlich am besten, wenn ihr – und jetzt ganz unabhängig davon, mit wem ihr es zu tun habt – aktiv werdet und selbst mitbestimmt. Das heißt, dass ihr von euch aus einen Vorschlag zur Lösung eures Belastungsproblems zur Sprache bringt, der euch in den Kram passt. So kann man auch ein „Nein“ nett verpacken:

„Das muss schon morgen Mittag fertig sein? Sorry, das ist mir unmöglich, denn ich habe ja schon x, y, und z zu Ende zu bringen. Ich könnte Ihnen aber anbieten, Projekt x zurückzustellen und stattdessen Projekt „pronto“ gleich zu erledigen.“ Oder „...ich könnte Ihnen dafür anbieten, es bis morgen 17 Uhr zu übergeben“.

Merkt euch bitte: es gibt i m m e r eine Lösung, die euch zuträglich ist. Und wenn ihr in Serie mit derartigen Bedrängnissen konfrontiert werdet, derer ihr euch – massives Grenzbewusstsein hin und aktives Vorschlagswesen her – nicht erwehren könnt, dann stimmt etwas mit eurem Job oder eurem Chef nicht. Mit euch ist alles in Ordnung. In diesem Falle rate ich euch dringend: Sucht euch einen neuen Job und damit einen neuen Chef!

Für Großmütter-Besuche, für die ihr eingeteilt werdet, oder Schwestern, Brüder und andere Familienmitglieder, die euch mit ihren Einfällen „überfallen“, gilt übrigens ähnliches. Nur könnt ihr euch eure Angehörigen weder aussuchen, noch könnt ihr sie wechseln wie euren Job. Hier habt ihr dennoch ein optimales Spielfeld, aus genau diesem Grund. Wenn ihr bewusst über eure Zeit und Kraft entscheidet und proaktiv neue Lösungen für vermeintlich eingeschliffene Verhaltensmuster auffahrt, wird das vermutlich erst einmal zu Konflikten führen. Das ist so: wenn sich ein Teil des (Familien-)Systems bewegt, weil neu definiert und in seinem Denken und Tun wandelt, verändert sich damit das ganze System. Die Plätze werden quasi erneut vergeben, die Rollen umverteilt. Aber das macht nichts. Ihr könnt schließlich zu diesen Menschen offen und ehrlich sein, beispielsweise dermaßen:

„Sorry, ich bin derzeit völlig überlastet und muss mir unbedingt ein wenig Luft verschaffen und eine Pause gönnen. Ich kann dir heute leider nicht zuhören/zur Verfügung stehen/beim Putzen helfen. Ich schlage dir aber den .... (Tag) vor, da passt es mir besser."

Es geht nie darum, andere vor den Kopf zu stoßen. Deshalb sind Ehrlichkeit und Freundlichkeit stets oberste Gebote. Ich bin der Meinung, man kann seine Grenzen auch verteidigen, wenn man die des anderen mit berücksichtigt und nicht grobschlächtig um sich keift. Dennoch gibt es Menschen, die genau das förmlich herausfordern, weil sie dazu tendieren, wohl gewählte Worte zu „überhören". Das ist dann für den eigenen Lernprozess auch förderlich, weil es dazu zwingt, immer genauer, klarer und deutlicher zu formulieren, was man wirklich braucht und möchte. Bei diesen drängenden Zeitgenossen kann es dann auch sein, dass die gute Kinderstube kurzfristig über Bord geworfen werden muss. Und dass ein freundlich verpacktes „Nein!" zu einem einfachen „Nein!" wird.

Tipp am Rande: Ich weiß, dass die häufigsten zugelassenen Grenzüberschreitungen aus situativer Not und mangels augenblicklicher Wahlmöglichkeiten heraus entstehen. Etwa während eines Telefonats: Jemand ruft euch an und bittet euch um dies oder jenes. Ihr seid überrumpelt und das „Ja" liegt einfach näher als das „Nein", weil es euch noch nicht so geläufig ist. Ich habe mir für diesen Fall – viele meiner Aufträge kommen ja telefonisch bei mir an – einen großen Zettel an den PC-Bildschirm geklebt mit den Worten „BEWUSST BLEIBEN!". Damit wurde es mir möglich, mein Spontanverhalten zu ändern und erst einmal für mich die Konsequenzen zu prüfen, bevor ich in etwas einwilligte, das mich später an meine Grenzen brachte. Im Zweifelsfall, wenn es mir akut nicht gelang, eine Entscheidung zu treffen, vertröstete ich den Anrufer mit einem Rückruf in Kürze. So konnte ich in Ruhe überlegen, welchen (Gegen-)Vorschlag ich anbringen könnte, um dann deutlich und interpretationsfrei zu artikulieren, was ich zu geben bereit und im Stande war.

Strategie 7:
Absolut unverzichtbar: Wappnet euch!

Aus diesem leidvollen Kapitel entwerfe ich noch eine Extra-Strategie, weil es einfach unverzichtbar ist, sich nicht nur vor inneren, sondern auch vor äußeren Antreibern zu schützen. Damit sind Menschen gemeint, die fern jeder sozialen Kompetenz ihr Unwesen treiben und besonders gerne da auftauchen, wo vermeintliche „Schwächere" (und das seid ihr, wenn ihr Burnout-prädestinierte Persönlichkeiten, freundliche, fleißige und stets gefällige Freunde, Familienmitglieder und Mitarbeiter seid) mit Vollgas rödeln, rennen und rotieren.

Dass diese Menschen auch nur ihren eigenen Antreibern Folge leisten, seien das innere Botschaften oder von auswärts auferlegte Pflichten, ist ja verständlich, schön und gut. Aber das ist deren Sache. Meine ist es, euch zu rüsten vor immer wiederkehrenden Angriffen, denen ihr euch bitte sehr n i c h t mehr fügen wollen werdet, wenn ihr das Büchlein schon bis hier gelesen habt.

Ein Beispiel zur Illustration:

Kurz vor meinem Burnout, quasi in der letzten Zeit davor, wurde ich immer aggressiver und gereizter. Ich, die ich ja immer funktionieren wollte, aber aufgrund chronischen Kraftverlustes langsam nicht mehr konnte, hatte es auffallend oft mit Menschen zu tun, die zwar in der Kommunikationsbranche zu tun, aber offensichtlich mit Kommunikation nichts am Hut hatten. Typisch waren beispielsweise Anrufe, deren Inhalt wie folgt begann: „Andrea, wir haben ein Attentat auf dich vor!"
oder auch „Andrea, wir überfallen dich jetzt mit einem Schnellschuss!"
oder sehr gerne auch als Briefing genommen „Der Text sollte bitte richtig knackig sein. Ein echter Knaller. Wir brauchen ihn allerdings schon heute Nachmittag."

Wie geht es euch, wenn ihr euch in diese Situation hineinfühlt? Mir stellen sich heute noch die Nackenhaare auf und mein Herz beginnt heftig zu klopfen. Denn Worte sind wie Waffen. Sie lassen Bilder entstehen und formen die Realität, auch wenn uns das in dem jeweiligen Moment nicht bewusst ist. Worte haben eine ungeheuer energiegeladene Wirkung. Und sie sagen alles über einen Menschen. Wenn nicht Worte, was dann?

Worte dienen nun einmal der Verständigung. Sie verleihen unseren Gedanken Sprache und sie kleiden unsere Wünsche in Bitten. Wer sich hierfür näher interessiert, der sei an Schulz von Thuns Modell der „Vier Seiten einer Nachricht" erinnert und möge das in den Standardwerken der Kommunikation nachlesen, wenn ihm beliebt. Mir geht es hier nicht darum, das x-te Mal zu rezitieren, was ohnehin in zig Büchern steht. Ich will euch darauf aufmerksam machen, was diese reichhaltigen „Verbalattacken" in euch bewirken. Es ist nichts Gutes, das sei euch gesagt! Deshalb seid gewappnet.

Wenn ich einem Menschen positiv gesonnen bin und meinem Gegenüber Wertschätzung (ihr erinnert euch: Mangel an Wertschätzung ist ein wesentlicher Antreiber im Rahmen des Burnout) erweisen will, dann werde ich ihm wohl kaum die Worte „Attentat, Angriff, Überfall, Schnellschuss" oder ähnliches ins Trommelfell rammen. Das machen nur Leute, die schlichtweg keine Ahnung haben, wie man mit Artgenossen unserer Gattung sorgfältig umgeht und sozial kompetent kommuniziert. Menschen, mit denen vermutlich in selbiger Weise verfahren wird, so dass sie schon gar nicht mehr merken, was sie von sich geben. Und damit auch persönlich von sich preisgeben. Über ihren Charakter, ihre Struktur, ihr Denken über andere.

Als Texterin bin ich freilich geeicht auf Sprache und infolgedessen besonders hellhörig, das mag schon sein. Aber ich bin kein Ausnahmefall und todsicher (auch ein „schönes" Wort) nicht die Einzige auf der Welt, die mittlerweile hochsensible Sensoren für derartiges Verbalgeschütz entwickelt hat. Man denke nur an die „Gewaltfreie Kommunikation" von Marshall Rosenberg, die genau auf diesen energetischen Annahmen von Sprache gründet.

Fakt ist: Wir werden die Menschen in unserem Umfeld und deren Kommunikation kaum ändern. An diesem Unterfangen werden wir zwangsläufig scheitern, zumal, wenn es um unsere Vorgesetzten oder Kunden geht. Ziele sind nur umsetzbar, wenn wir sie selbst erreichen können, nicht jedoch, wenn wir auf der für uns passenden Reaktion unserer Gesprächspartner beharren. Was wir selbst tun können? Uns rüsten und vor wörtlichen Angriffen schützen! Idealer Weise möglichst frühzeitig.

Das geht einerseits, in dem wir unseren eigenen Wortschatz entrümpeln und den Gehalt unserer eigenen sprachlichen Äußerungen feinsäuberlich auf ein harmonisches, wohlklingendes und wertschätzendes Miteinander trimmen. Damit können wir uns zumindest dahingehend absichern, dass wir nicht in Resonanz mit den kommunikativen Attentätern „schwingen" oder gar unbedacht deren Geschütze übernehmen, weil es im eingefahrenen Wechselspiel einfach zum „guten Ton" gehört. So verhindern wir schon einmal, dass wir unbewusst unbedacht in den Wald hineinschallen und uns das ebenfalls unreflektierte Echo widerfährt, was ich langfristig nur empfehlen kann.

Andererseits, sobald ihr die verbalen Attacken aufgrund eurer zunehmenden Bewusstwerdung bereits körperlich zu empfinden beginnt, könnt ihr euch durch eine Visualisierungsübung oder einen Reminder schützen.

Die Visualisierungsübung, die ich am meisten bevorzuge und mit der sich bereits viele meiner Seminarteilnehmer mittlerweile ausstaffiert haben, ist die des „Tauchanzugs": Wenn ihr euch in ein Gespräch begeben müsst, in dem erfahrungsgemäß mit scharfen Waffen geschossen wird, hüllt euch mental vorher in eine Art Schutzhülle. Mit alleine dieser gedanklichen Neoprenfassade versehen, bleibt ihr euch gleichzeitig schon dessen bewusst, wo eure Grenzen sind und wie nah ihr die Worte anderer an euch heranlasst. Nämlich gar nicht. Was nicht gut für euch ist, dringt nicht mehr in euer Innerstes.

Der Reminder in der beispielsweise Jacken-, Hosen- oder Handtasche erinnert euch gleichermaßen an eure guten Vorsätze, euch nicht mehr überrumpeln oder in eine Situation mit Brennwert versetzen zu lassen.

Euer Erinnerungsgegenstand kann eine Muschel, ein Steinchen oder auch ein Zettel mit entsprechender Affirmation (z. B. „Ich bleibe bei mir und reagiere, wie es für mich richtig ist.“) sein. Ebenfalls ein geliebtes Schmuckstück oder ein Lieblingsduft, den ihr bewusst auftragt, bevor ihr euch „in den Kampf“ begebt. Dieses von euch gezielt gewählte Detail macht euch in jedem Moment auf eure Grenzen aufmerksam und vergegenwärtigt euch stets, was ihr euch nicht weiterhin antun solltet: dass euch andere angreifen, anfeinden oder überfallen. Ihr werdet besonnener agieren und wohlüberlegt kontern, das kann ich euch versprechen.

Mit jeder für euch überraschenden, weil positiver als gedacht ausgefallenen Erfahrung, die aus eurem bedachten Verhalten resultiert, werdet ihr ein stückweit mutiger, entschlossener und für andere deutlicher wahrnehmbar werden, so dass man euch schließlich nichts mehr anhaben kann. Auch ohne mentalen Tauchanzug. Weil ihr euch nichts mehr antun lasst, das euch nicht gut tut!

Übung: Mein Kreis, mein Leben.

Für die visuell geprägten Leser empfehle ich zur Schärfung des Bewusstseins für die eigenen Grenzen diese aus der Kunsttherapie stammende Malübung: Nehmt euch ein weißes Blatt Papier und ein paar Buntstifte, Kreiden oder euren Malkasten, wenn ihr wollt. Greift zu dem, was ihr kennt und macht euch frei von künstlerischen Ansprüchen.

Dann zeichnet einen Kreis mit einer deutlich markierten Umrandung. Das ist euer Kreis und die Umrandung ist eure Grenze, die ihr selbst kreiert. Dünn oder dick – Hauptsache, ihr werdet euch bewusst, bis wohin euer Selbstbestimmungsrecht reicht.

Das Innere eures Kreises könnt ihr in den für euch schönsten Farben ausmalen. Einen Kern malen, der voller Farben- und Formenenergie steckt. Blumen, Herzen, Kringel, Landschaft – ihr gestaltet euren „inner Circle“ nach eurem Gusto und erfüllt ihn nach eurem Gutdünken mit Leben.

Außerhalb eures Kreises befindet sich eure Umwelt. Auch diese könnt ihr gestalten, wie ihr wollt. Der Situation entsprechend und als naturgetreues Abbild eurer brenzligen Situation mit dunklen Wolken, Blitzen und Regen – grau und trüb. Oder mit Leben, Licht und Sonne – hell und heiter. So, wie ihr es in Zukunft unbedingt um euch herum haben möchtet. Vergesst nicht: Ihr seid der Macher eures Daseins. Eures Glückes Schmied.

Wenn euer Gemälde fertig ist, hängt es euch auf. Am besten dort, wo ihr ihm häufig begegnet. Ihr könnt es auch einscannen und auf euren PC-Screen bannen. Es wirkt wie eine visuelle Affirmation und weist euch den Weg, den ihr künftig gehen wollt und werdet. Weg von den strapaziösen Bedingungen und hin zu einem freudigen Leben voller Leichtigkeit!

Wenn ihr euch jetzt mit der lästigen Frage plagt, ob ihr wirklich so mutig und entschlossen sein dürft, einen neuen Lebensinhalt zu gestalten und euer Ich so zu leben, wie es euch gefällt, dann frage ich euch nur eines: Welche Konsequenzen hat es, wenn ihr unverändert weiter in ungünstigen Bahnen driftet und was habt ihr in Anbetracht dessen in Wahrheit zu verlieren? Ihr könnt nur gewinnen. Weil es garantiert nur besser werden kann, wenn wir uns selbst erlauben, ehrlich zu uns und anderen zu sein. Nur mit Ehrlichkeit stellen wir die Weichen und bekommen schließlich das, was uns zusteht: das, was wir wirklich brauchen, um gesund und glücklich zu sein.

Strategie 8:
Adios Amigos: Loslassen macht Laune!

Wollt ihr wissen, mit wem ich die meisten Tage, Nächte und die Zeit überhaupt verbracht habe, bevor ich in die Krise geraten bin (wen wundert's)? Mit meinen Problemen und Sorgen! Vielleicht kennt ihr das aus eigener Erfahrung: Je schwieriger die Umstände werden und umso schwächer man sich fühlt, desto größer und allumfassender werden die Befürchtungen und Zweifel.

» Was ist, wenn das jetzt immer so weiter geht – wie sieht mein Leben dann aus?
» Was geschieht, wenn ich irgendwann nicht mehr durchhalten kann – wie soll ich mich dann finanzieren?
» Will ich mein Leben lang Werbetexterin sein und wer wird mich mit 50 noch wollen?
» Wenn dieser Job nicht mehr funktioniert – wie soll ich dann mein Dasein fristen und wovon meinen Unterhalt bestreiten?
» Falls ich jetzt versage, welche Chancen habe ich dann überhaupt noch?

Diese und andere Fragen gleicher Art hielten meinen ohnehin unermüdlichen Geist hellwach, brachten mich im mancher akuten Situation beinahe um meinen sonst recht passablen Verstand und chronisch um den Schlaf. Oft wachte ich nachts auf und zermürbte mich an Visionen über eine mehr als triste Zukunft. Manchmal kamen auch konkrete Stellungnahmen in mein müdes Hirn. „Ich kann dem allem nicht mehr gerecht werden, ich bin nicht mehr gut genug." – so viel war mir damals glasklar. Was sich zwischenzeitlich wie folgt geändert hat: „Ich will dem ganzen Schmarren nicht mehr gerecht werden, denn dafür bin ich mir viel zu schade".

Glaubt mir: Es hat sehr lange gedauert, bis ich wieder den Mut gefasst habe, an mich zu glauben. Mich dessen zu besinnen, was ich bisher geleistet habe.

Und mir mit unzähligen Affirmationen in bunten Lettern ersichtlich zu machen, auf was es sich zu hoffen lohnt. Das ist ganz einfach ein besseres Leben, mit Aufgaben, die erfüllend sind und die mit genüsslicher Leichtigkeit geschehen. Umgeben von Menschen, die bereichernd sind. Inspiriert von Impulsen, die von Herzen kommen, weil sie einem wirklich auf der Seele „brennen“.

Dieses Feuer zerstört nicht. Dieses Feuer hält mich lebendig und macht mir bewusst, wo meine Bestimmung liegt.

Ich schreibe das voller Inbrunst, weil es mein Weltbild widerspiegelt. Ich sage ganz gezielt: Weltbild, nicht Religion. Ich, die ich mit Anfang Zwanzig aus der Kirche ausgetreten bin, weil ich mir die Steuern sparen wollte und zudem seit Jahr und Tag zwar innige Glaubensgemeinschaften jedweden Ursprungs befürworte, nicht aber auf Ehrfurcht, Fatalismus und Opfertum basierende Gängeleien gut heiße, will euch ganz sicher nicht bekehren. Ich möchte euch nur aufmerksam machen. Was ihr aus eurem Leben macht, steht für mich ganz zweifelsfrei in eurer Macht. Es ist kein Schicksal, dem wir uns stillschweigend ergeben müssen. Kein ewiger Kampf, den wir gewinnen müssen. Es ist der Wandel – der Welt und unser eigener – auf den wir reagieren sollten. Und zwar zuversichtlich, neugierig und gesund! Authentisch eben.

Als ich mit dem Werbetexten anfing, empfand ich das für mich als großes Glück. Ich war begeistert bei der Sache und sah die quantitativ und qualitativ anspruchsvollen Projekte, die mir nur so zufielen (ein Zufall?), als pure Selbstverständlichkeit. Als Spiel. Ich kann mich nicht daran erinnern, dass ich Mitte der 90er Jahre so viel Sorge um meine Zukunft hatte wie heute. Freilich, meine Lebenshaltungskosten waren nach dem Studium bedeutend bis verschwindend geringer. Und – ja – das Arbeitsamt war für den Notfall ja auch noch da. Aber dennoch: Ich habe damals einen festen Job in der Nürnberger Werbeagentur eines hysterischen Egomanen und seiner Säufertruppe zwei Tage n a c h Vollendung der Probezeit (ihr wisst schon: im Durchhalten sind wir spitze!) fristlos gekündigt und mich dann mit nahezu null Erfahrung als Texterin selbstständig gemacht. Es hätte genauso gut schief gehen können. Ist aber gut gegangen, weil es zum damaligen Zeitpunkt authentisch für mich war. Mehr als zehn Jahre ist es sogar sehr gut gegangen. Warum? Weil ich mit Herzblut dahinter stand und meine Texte wirklich mit Leib und Seele schrieb. Als sich das Blatt – der Markt, die Kundenstrukturen, die Arbeitsmodalitäten, die Projektanforderungen und vor allem ich mich selbst – langsam wendete und meine Vitalkraft zusehends schwand, wurde mir genau das zum Verhängnis. Das „Mit-Leib-und-Seele" verlangt nach Anerkennung, um als sinnvoll empfunden zu werden. Viel Anerkennung und Zuspruch. Aber ein Werbetext ist immer noch ein Werbetext und nicht die Bibel. Und die Kunden sind eben auch nur Gefangene ihrer Situation und nicht zwangsläufig Gestalter ihrer Umstände.

Vielleicht ist es euer aktueller Job mit seinen Bedingungen, der euch so viel Frust und Lebensunlust beschert, dass euer ursprüngliches Feuer konsequent erlischt. Möglicherweise ist es aber der gewählte Beruf an sich, der eure Quelle allmählich zum Versiegen bringt. Jetzt ist Einsicht gefragt. Früher oder später kommt ihr ohnehin nicht um die Antworten auf diese Fragen herum:

» Wie lange wollt und könnt ihr noch so weitermachen?
» Wer profitiert davon am meisten und wer am wenigsten?
» Was vermeidet ihr mit dem Weitermachen?
» Was begünstigt ihr mit dem Durchhalten?
» Wer oder was hat sich verändert?
» Ist es der Job, die Menschen, der Markt – oder seid vielleicht ihr es, die anders geworden sind, so dass die heutigen Lebensumstände für euch eigentlich „von gestern" sind?

Egal, wie ihr euch entscheidet. Zunächst einmal ist wichtig, dass ihr eure Wahrheit erkennt und ernst nehmt. Damit ist noch kein Job gekündigt und noch keine private Beziehung beendet. Damit ist erst einmal die Richtung bestimmt. Wenn ihr euch selbst gegenüber ehrlich seid, ist das sozusagen schon die halbe Miete. Denn dann schafft ihr es, das Hier und Jetzt zu akzeptieren ohne euch mit negativen Gedanken zu zermartern oder anlässlich destruktiver Durchhalteparolen mit dem Weiter-rennen-wie-der-Hamster-im-Rad unnötig zu quälen. Um euch dann letztendlich und in dem Zeitraum, den ihr dafür benötigt, neu zu orientieren.

Uns entgeht unglaublich viel, wenn wir an den Dingen, mit denen wir uns unwohl fühlen, akribisch festhalten. Das hat mit Fokussierung zu tun: Wenn ich beim Autofahren den nächstbesten Baum anvisiere, fahre ich genau auf diesen Baum zu. Wenn ich meinen Horizont auf die vor mir liegende Straße erweitere, erfahre und erlebe ich den gesamten Weg, der nach vorne führt, mit seiner Beschilderung rechts und links, mit den Autos, die mir entgegen kommen und mit den Hasen und Rehen, die am Randstreifen grasen. Und selbst, wenn der Weg noch im Nebel liegt – er ist dennoch da. Dann fahre ist eben entsprechend der fehlenden Fernsicht langsamer und mit umso größerer Achtsamkeit. Dies wahr- und als gegeben hinzunehmen, ist alleine eure Sache. Ihr gestaltet euer Denken und somit eure Zukunft!

Wozu ich euch also motivieren möchte? Nehmt wahr und lasst los! Das meine ich mit „Adios Amigos!“. Seht eure Sorgen und Ängste, respektiert sie, nutzt sie zur weiteren Wegbestimmung – und dann lasst es gut sein. Ihr könnt, wenn es sein muss, alles Mögliche mit den Amigos machen: einen trinken, die Nacht durch diskutieren und sie mit in den Urlaub nehmen. Aber das bringt einfach nichts, sondern kostet nur Energie. Fragt sie doch lieber einmal ordentlich aus und hört, was sie zu sagen haben! Findet die positive Absicht, die sich hinter euren Bedenken verbirgt, heraus!

Welche Absicht verfolgen eure Seelenqualen? Wollen sie euch schützen, behüten oder womöglich auf einen für euch günstigeren Plan und eine einträglichere Strategie hinweisen? Oder möchten sie nur Beachtung finden und euch hindern, einen neuen Weg zu suchen, weil sie von überholten Glaubenssätzen (z. B. „Ich muss da durch!“, „Aufgeben heißt Versagen!“ oder „Freiheit bedeutet Unsicherheit!“) gespeist werden? Vielleicht lebt ihr gar nicht euer eigenes Lebensmodell, sondern das eurer Eltern oder anderer Vorbilder, das dringend ausrangiert gehört?

Als ich neulich meinen Burnout-Workshop in einem großen Unternehmen präsentierte, erzählte mir meine Ansprechpartnerin dort, sie sei mehr als zwei Jahrzehnte bei einem Job geblieben, der ihr im Laufe der Zeit immer weniger Spaß, Erfüllung und Sinnhaftigkeit beschert hatte. Ihr Vater, der ihr sehr nahe stand, wusste um ihr Hadern und ihre beruflichen Zweifel. Er appellierte immer wieder an seine Tochter, dass sie doch so eine gut bezahlte und sichere Position bei einem so soliden Arbeitgeber nicht einfach aufgeben könne. Das wäre schließlich dumm und gefährlich.

Bitte beachten: Die Meinung einer anderen Generation wurde hier – aus der Sicht des Vaters völlig zu Recht und nachvollziehbar – vertreten. Passend zum Nachkriegskontext und zum darauf folgenden Aufschwung in den 50er Jahren. Heute sind Job-Hopping und -Verlust nahezu unvermeidlich. Ich kenne in meiner Generation niemanden, der nicht mindestens drei Mal den Arbeitgeber gewechselt hat!

Als der Vater verstarb, was furchtbar schlimm für die Kundin war, konnte sie allmählich auch den ungeliebten Job loslassen. Sie nahm ihren ganzen Mut zusammen und sprach mit den zuständigen Personalverantwortlichen. In kürzester Zeit tat sich im Unternehmen ein Wirkungsbereich auf, der sie heute erfüllt und zufrieden macht. Und siehe da: Sie musste dazu nicht einmal den Arbeitgeber wechseln! Manchmal ist es eben doch viel leichter als man denkt. Würde man gleich die zentrale Aussage der Amigos erhören und ihre Weg weisende Bedeutung ernst nehmen, müsste man sich vielleicht gar nicht so lange mit ihnen abgeben.

Was ich gelernt habe: Es ist alles eine Frage der persönlichen Einstellung, der Zuversicht und vor allem des Glaubens an sich selbst. Da ich zum Durchhalten erzogen worden bin, weiß ich mittlerweile, dass ich durchhalten sehr gut kann. Darin bin ich eine Meisterin, habe ich schließlich jahrelang praktiziert! Ich sehe sich immer wieder einstellende Sorgen und Negativgedanken zwischenzeitlich nicht mehr als Anreiz, um meine Durchhaltefähigkeit zu stärken und mein Vermögen auszuharren unter Beweis zu stellen. Sondern als Richtung bestimmende Signale, für die ich dankbar bin.

Während ich vor einigen Jahren noch glaubte, ich könne meine Missempfindungen mit dem reinen Einsatz meiner kognitiven Fähigkeiten lösen, bin ich heute sicher, dass die Absicht hinter diesen unfreiwillig werkelnden Beschäftigungstherapeuten – den Amigos – im Grunde eine andere ist. Das Offensichtliche liegt auf der Hand: Wenn mich etwas (ein Kunde, ein Projekt, eine Absage, eine Beziehung, eine Freundschaft) über das zuträgliche Maß hinaus gedanklich (über)fordert und emotional „verbrennt", dann stimmt etwas nicht. Entweder im Außen oder bei mir im Inneren, mit meiner Einstellung zur Sache. Was dann schlussendlich heißt, dass wir (z. B. der Job und ich), so wie wir jetzt sind, nicht oder nicht mehr zusammen passen.

Wenn ihr euch überzufällig häufig mit der Lösung eines Job-Problems beschäftigt und euch dabei zurückgesetzt, machtlos, ausgenutzt oder überfordert fühlt – dann stimmt etwas mit eurem Job nicht!

Wenn ihr euch viel zu oft und lange mit eurer Partnerschaft plagt, ohne der Lösung der Situation wirklich einen Schritt näher zu kommen, dann stimmt etwas mit eurer Partnerschaft nicht.

Wenn ihr euch über das gesunde Maß hinaus mit eurer Situation als Ganzes auseinander setzt und dabei rein gar nichts bewirkt außer fortwährender Belastung, dann stimmt etwas mit eurem Leben, wie es jetzt ist, nicht oder nicht mehr.

Selbstverständlich können und sollen wir prüfen, was wir an uns, unserer Sichtweise, unserem Denken und unserem Handeln ändern können und wollen. Das ist auch ein Lernprozess, der wichtig ist. Nur verleugnen dürfen wir uns nicht. Weder in unserem Wesen oder Charakter, noch was unsere Moral und unsere Werte anbelangt.

Exkurs: Sei nicht so emotional!

Als ich noch in den Werbeagenturen ein und aus ging, hörte ich im Laufe der Zeit immer häufiger (bevorzugt von einer Agenturchefin, die mir auch freundschaftlich nahe stand) den Satz: „Du bist viel zu emotional! Lege dich doch nicht so ins Zeug, wenn der Kunde dies oder jenes sagt. Und fühle dich doch nicht gleich angegriffen, wenn er dir komisch kommt."

Hallo? Mir werden ungerechtfertigte Vorwürfe gemacht und ich soll einfach still halten? Was habe ich mich damals geärgert – und anschließend bei jedem Termin mit besagtem (unverschämten) Kunden versucht, meine Reaktionen im Zaum zu halten. Ich war so sehr darauf geeicht, mich selbst in den Gesprächen „positiv" verändert und cool zu zeigen, dass ich schließlich gar kein Wort mehr zum Thema Werbestrategie und -konzeption beitrug. Ich fühlte mich von den vielen „Sei dochs" und „Du musst dochs" so in meinem Wesen beschnitten, dass ich – wie sollte es anders kommen – immer angreifbarer und emotionaler wurde. Jedes anberaumte Treffen mit Agentur und Kunde avancierte für mich zum Horrorszenario, das mir schon Tage vorher zusetzte und die Vorfreude auf daraus resultierende Textaufträge gründlich vergällte.

Dennoch weiß ich, dass meine Agenturfreundin Recht hatte: Ich war im Laufe der Jahre tatsächlich „emotionaler" geworden. Genau genommen sensibler. Die Sensibilität hatte es mir einerseits ermöglicht, treffend zu texten und Artikulationswünsche meiner Kunden adäquat umzusetzen. Andererseits ließ sie mich schließlich jede Spannung und Unzufriedenheit im Raum körperlich spüren. Das aber passte nicht mehr zum taffen Werbebusiness. Somit auch nicht mehr zu betreffender Agentur und ihren Kunden.

Die Sensibilität passt aber hervorragend zu meinem Wirkungsbereich als Coach und Trainerin. Da sind nämlich genau die Eigenschaften gefragt und wichtig, die im Umgang mit Werbern verpönt sind: Wertschätzung, Menschlichkeit und Einfühlungsvermögen.

Es hatte keinen Zweck mehr, einen wesentlichen Aspekt meiner Persönlichkeit – die Sensibilität – zu unterdrücken. Dauerhafte Unterdrückung äußert sich unter anderem in depressiven Symptomen, denn Depression kommt aus dem Lateinischen und heißt wortwörtlich Unterdrückung. Also verleugnet euch nicht. Lebt lieber authentisch und seht zu, zu welchem „Anforderungsprofil" sich eure Persönlichkeitsstruktur besser fügt!

Es geht letztlich darum, das Leben so zu gestalten und zu verwalten, dass man glücklich und zufrieden damit ist. Um nicht mehr und um nicht weniger. Deshalb bitte ihr euch inständig:

Lasst los! Vor allem von immer gleichen Problemgedanken, die in und um euch kreisen. Und zum richtigen Zeitpunkt auch von den Umständen, die dazu gehören.

Im Loslassen stecken interessante Details:

Los! – wie ein neuer Anfang, ein Start

Lose – wie frei und losgelöst sein

Lassen – wie etwas sein und gehen lassen oder akzeptieren

...und gewissermaßen auch das Wort „As"

Wenn ihr ein As im Loslassen werden wollt, solltet ihr die Gedanken, die sich euch immer wieder aufdrängen, wahrnehmen, ernst nehmen – und dann dankend verabschieden. Es macht einfach keinen Sinn, sich ständig mit unlösbaren Problemen zu befassen. Wären sie lösbar, hättet ihr sie schon gelöst. Alles andere ist schlichtweg Unsinn. Kein Mensch durchschnittlicher Intelligenz braucht Monate oder Jahre, um sich eine persönliche, Kräfte zehrende und Nerven raubende Krisensituation vom Hals zu schaffen! Sie müsste sich spürbar mindern und entspannen mit der Zeit – dies wäre ein Zeichen für messbaren Fortschritt. Alles andere ist Quatsch und kostet nur Energie.

Bevor ihr loslassen könnt, solltet ihr unbedingt das Hier und Jetzt akzeptieren. Die folgenden Statements sind dabei hilfreich:

Lebt im Hier und Jetzt!

Seht euch einmal an, was euch heute umgibt und wie sich eure Situation gerade zeigt. Das könnt ihr weder negieren, noch auf Anhieb ändern. Das sind die Umstände, wie sie eben sind. Das Resultat eurer Veränderung und der Veränderung eures Umfelds. Sie sind weder gut, noch böse. Sie s i n d einfach.

Erfahrt die Realität, wie sie sich wirklich darstellt!

Bleibt offen für das, was euch das Leben bietet. Für die positiven Signale und für die vermeintlich negativen Zeichen, Gedanken und Begebenheiten. Sie haben euch etwas zu sagen. Sonst wären sie nicht da.

Verändert, was in eurer Macht steht!

Und zwar möglichst bald, wenn ihr könnt und euch die Konsequenzen nicht noch weiter in die Enge treiben oder Energie kosten. Der erste Schritt kann auch gedanklichen Ursprungs sein. Erst dann folgen die Taten. Weil das Echo die logische Folge dessen ist, was ihr bewusst oder unbewusst aussendet, werden euch die Handlungen letztlich leicht fallen oder leicht gemacht.

Registriert, was unvereinbar mit euch ist!

Damit meine ich das, was aufreibt und unvereinbar mit euch, aber bis dato n o c h nicht lösbar ist. Menschen, Verpflichtungen und Verstrickungen, die ihr noch nicht loslassen wollt, weil die Reaktionen auf euer Loslassen nur weitere Brennfaktoren auf den Plan bringen würden. Malt euch stattdessen das aus, was euch taugen und gut gefallen würde, statt stillschweigend weiterhin gefällig zu sein.

Und dann: Zieht eure Schlüsse daraus, ohne euch sofort zu einer Entscheidung zu nötigen, die vielleicht noch nicht reif ist. Ob eine Entscheidung reif ist oder noch aussteht, könnt ihr übrigens an der gefühlten Dringlichkeit messen: Wenn ihr euch später an eine Lebenssituation erinnert, in der ihr eine für euch essentielle Weichenstellung (Ent-Scheidung = die Wege trennen sich) vorgenommen habt, wird euch immer noch völlig einleuchtend erscheinen und deutlich bewusst sein, dass es die optimale Handlungsalternative gewesen ist. Ihr würdet, in Anbetracht eures empfundenen Erlebens zum Zeitpunkt X immer wieder genau so entscheiden. Nicht anders. Sollten sich eure Gefühle oder euer Standpunkt zur damaligen Situation zwischenzeitlich geändert haben, ist die Sache freilich eine andere. Aber in der Vergangenheit und mit den Empfindungen von einst, würdet ihr wieder genau diese Entscheidung treffen.

Wichtig ist jedenfalls das Erkennen inakzeptabler Zustände und Befindlichkeiten. Dann kommt schon bald eine neue Chance. Wenn euch die Zuversicht fehlt, dann seid euch dessen bewusst, dass wir es immer mit 50:50-Wahrscheinlichkeiten zu tun haben. Das bedeutet, die Möglichkeit, dass eine Veränderung zum Guten gelingt oder dass ihr eine neue Idee für euch umzusetzen im Stande seid, ist genauso wahrscheinlich wie das Misslingen. Wahrscheinlicher, genau genommen. Steht man mit vollem Wollen, ganzem Herzen, Leib und Seele hinter einem Neustart, strahlt man das auch aus. Entsprechend positiv wird die Resonanz sein.

Übung: Loslassen ist das Gegenteil von Festhalten!

Wenn ihr die positive Wirkung des Loslassens am eigenen Leibe erfahren wollt, nehmt einfach einen Stift in die rechte Hand und haltet ihn für 60 Sekunden lang fest, als hinge euer Leben daran. Drückt richtig zu und umklammert den Stift mit eurer ganzen Kraft. Steigert euren Einsatz und strengt euch richtig an!

Nach der Minute lasst ihr einfach los und den Stift auf den Boden fallen. Spürt mal hinein in das Loslassen! Ganz schön entspannend, oder? Dabei seid ihr immer noch in der gleichen Position. Und auch der Stift ist immer noch da. Ihr habt ihn nur seinem Schicksal über-lassen und euch vom zwanghaften Festhalten befreit. Jetzt habt ihr die Wahl, den Stift wieder aufzuheben und das Ganze wieder und wieder zu praktizieren. Oder euch einfach zurückzulehnen mit dem Wissen, dass es das auf Dauer ja wohl nicht sein kann.

Ihr glaubt nicht oder nicht mehr an euch? Kann ich gut verstehen. Hat bei mir auch einige Zeit gedauert und muss ich auch heute noch täglich bestärken. Ist aber das A und O. Und das meine ist genau so: Wenn ihr selbst nicht an eure Fähigkeiten, Fertigkeiten, euer Potenzial und eure Kompetenz glaubt, wer sollte es dann tun?

Den umgekehrten Fall kennen vermutlich einige aus Erfahrung. Wir sind uns unsicher und jeder in unserem Umfeld versichert: „Du schaffst das schon!" Doch das nützt einfach nichts, wenn wir nicht selber an uns glauben. Weil nur wir wirklich wissen, wer und wie wir sind, liegt es alleine an uns, an eine Idee, einen Plan oder ein Projekt zu glauben, das uns betrifft. Wir können alles schaffen, was wir uns vornehmen und wovon wir überzeugt sind. Was mich da so sicher macht? Die Beweisführung findet sich in der Vergangenheit! Wir alle haben genügend Erfahrungen gemacht, die uns in unserem Glauben bestärken können. Wir müssen sie uns nur vergegenwärtigen!

Übung: Erinnert euch!

Setzt euch einmal in Ruhe mit eurer Vergangenheit auseinander und überlegt, was ihr in eurem Leben bereits erschaffen und geleistet habt. Gab es scheinbar „glückliche Fügungen"? Vielleicht Kontakte, die euch zur richtigen Zeit weiter gebracht haben? Oder unvorhergesehene Möglichkeiten, die sich vermeintlich plötzlich geboten haben? Wohlgesonnene Menschen, die euch als Mentoren zur Seite standen? Mutige Entschlüsse, die euch zum damaligen Zeitpunkt X in eine wirklich glückliche Lage Y katapultiert haben? Erinnert euch gründlich. Denn wir alle haben diese Zu-fälle erfahren. Nur sind es eben keine Zufälle. Es sind Reaktionen auf tatsächliche oder gedankliche Aktionen. Und vor allem sind es logische Konsequenzen auf unsere Haltung zum Leben und den Glauben an uns selbst. Das ist Erfolg.

Die Storys, wie aus dem Tellerwäscher ein Millionär oder aus der kleinen Imbisskette ein internationales Fast-Food-Imperium wurde, könnt ihr gerne nachlesen. Bücher zum Thema gibt es zur Genüge. Viel näher liegen aber Geschichten wie diese: Wenn meine Oma, trotzdem sie ihr Zuhause im Sudetenland mit allem Hab und Gut zurücklassen musste und obwohl sie ihren Mann im Krieg verloren und völlig mittellos zwei kleine Kinder zu versorgen hatte, nicht an sich geglaubt hätte, wäre ich heute vermutlich nicht hier. Und wenn mein Vater in jungen Jahren, seinerzeit mit wenig Geld ausgestattet, nicht an sich und seine Lebensfähigkeit geglaubt hätte, gäbe es da heute kein großes Haus mit gigantischem Garten und keine Wohnung auf den Kanaren. Viele von euch haben sicher ähnliche Familien"schicksale" zu erzählen.

Es geht einfach immer um den Glauben an sich selbst. Das Wissen, dass man sämtliche Lebensaufgaben bewerkstelligen kann, die sich einem stellen. Das Gespür für die beste Entscheidung im richtigen Moment. Und um die Intuition für das, was im Augenblick zählt: Ungünstige Umstände wahrnehmen, akzeptieren, loslassen und dann neu orientieren! Immer.

Strategie 9: Bewusst bilanzieren: Hier sind eure Oasen!

Wenn euch die Anregungen im Kapitel 8 zu pauschal waren, dann geht es gerne auch ganz konkret. Ihr braucht wieder einen Zettel und diesmal einen schwarzen, einen roten und einen grünen Stift.

Und jetzt kann es „los" gehen:

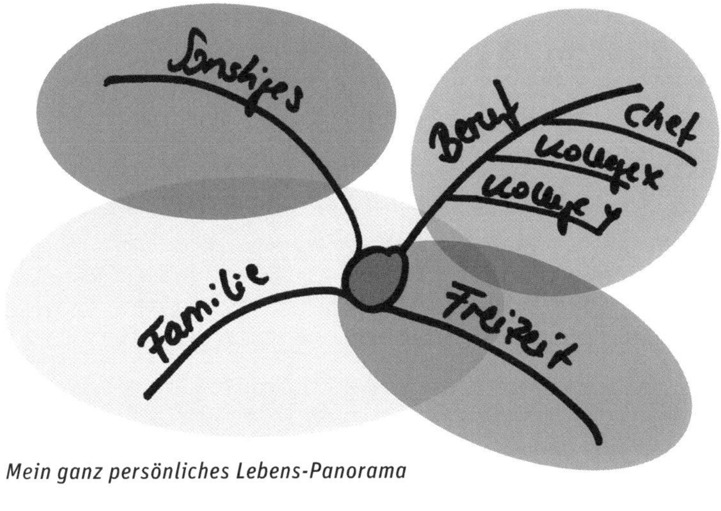

Mein ganz persönliches Lebens-Panorama

Übung: „Brennbilanz"

Jeder Mensch ist in seinem Leben in unterschiedlichsten Rollen präsent oder auch gefangen. Je nachdem. Wie das bei euch so ist, das wollen wir jetzt herausfinden. Also malt erst einmal in der Mitte einen Kreis. Das seid, wie ihr vermutlich schon ahnt, ihr selbst.

Drum herum zeichnet ihr in etwa gleichen Abständen auf, wer und was ihr in den sozialen Bereichen „Familie – Freizeit – Beruf – Sonstiges/ Soziales" alles seid. Und für wen.

Man kann das auch euer Lebens-Panorama nennen: Ihr in der Mitte und um euch herum kreist euer Lebenshorizont, wie er momentan ist.

Beispiel:

Im Beruf bin ich präsent als...

» ...Berater für die Firmen X, Y, Z
» ...Coach für meine Klienten X, Y, Z
» ...Trainerin für die Firmen X, Y, Z
» ...Kooperationspartnerin für meine Kollegen X, Y, Z

Im Familienleben bin ich präsent als...

» ...Vater für Tochter X und Sohn Y
» ...Ehepartner für meine Frau X
» ...Sohn
» ...Bruder für Schwester X
» ...Onkel für Neffe Y

Im Freundeskreis bin ich präsent für....

» ...Anton, Richard, Gerda etc.

In meiner Freizeit bin ich präsent als...

» ...Tennispartner
» ...Skatkumpel
» ...Gärtner im eigenen Haus
» ...Sprachenschüler
» ...Gelegenheitsjogger, etc.

Ansonsten bin ich noch präsent als ...

» ...Rettungssanitäter
» ...Vereinsmitglied bei XY
» ...Einkäufer für meine gebrechliche Nachbarin
» ...Gelegentlicher Fremdhundehüter
» ...Babysitter, Haushüter, etc.

Habt ihr euren Wirkungsradius – das ist er nämlich – komplett um euren Kreis herum abgebildet und mit Linien versehen? Dann müsste das Ganze etwa aussehen wie eine Mindmap, die Grafik zeigt es auch beispielhaft. Und jetzt wird's richtig schön bunt!

Seht euch jetzt jede einzelne Verbindung genau an und fühlt in euch hinein.

1) Die Bereiche, Personen oder Tätigkeiten, bei denen ihr grundsätzlich ein hervorragendes Gefühl habt, d. h. in einen sehr energiereichen, ressourcevollen Zustand versetzt seid: grün markieren!

2) Die Bereiche, Personen oder Tätigkeiten, bei denen negative Emotionen in euch hoch kommen, die euch belasten, verzweifelt, rasend oder traurig machen: rot markieren!

3) Mischverhältnisse oder neutrale Bereiche gibt es auch: Das sind die sozialen Rollen, Beziehungen zu Personen oder Tätigkeiten, denen das berühmte „teils, teils“ anhaftet oder die uns nicht weiter belasten: unmarkiert lassen.

Die Moral aus dieser malerischen Geschicht': Energiebilanz ziehen!

Ist eure Energiebilanz unter dem Strich eher im grünen als im roten Bereich?

Dann habt ihr deutlich mehr Tankstellen als Energieräuber in eurem Leben. Das ist gut, aber eventuell nicht gut genug. Denn einzelne rote Bereiche können das Gesamterleben so empfindlich verfinstern, dass die grünen Bereiche den Ausgleich nicht mehr schaffen. In diesem Falle heißt es dringend: an den roten Stellen ansetzen, bevor sie euch Schaden zufügen und an eurem Energiepegel zehren!

Vielleicht ist es ja eine Freundschaft, die euch extrem anstrengt, weil sie euch immerzu nötigt als Seelentröster für jedweden Blödsinn herhalten zu müssen? Dann lohnt die Veränderung dieser mit Potenzial zum Brennfaktor versehenen „Kleinigkeit" – und ein offenes Gespräch, in dem ihr eure Wünsche, Bedürfnisse und möglicherweise auch Nöte kommuniziert. Am besten in „Ich-Form". Dann bleibt ihr erstens bei euch und zweitens fühlt sich euer Gegenüber nicht angegriffen. Der Betreffende ist schließlich unschuldig und es geht hier nicht um Verurteilung. Niemand kann etwas für die Gefühle, die bei euch durch ein bestimmtes Verhalten ausgelöst werden. Es geht darum, dass ihr Verantwortung übernehmt (auch für eure Grenzen!) und euch mitteilt. Nur dann könnt ihr verstanden und respektiert werden. Möglicherweise ist es eine Freizeitaktivität, die früher einmal Freude machte, mittlerweile aber nur noch Verpflichtungsgefühle und Zeitnot beschert und von demher am Energiereservoir nagt. Dann könnte es genau jetzt der richtige Augenblick sein, eine neue Freizeitaktivität für die überlebte alte zu finden.

Ist eure Energiebilanz mehr im roten als im grünen Bereich?

Alarmstufe rot! Hier sind überwiegend Energieräuber, Lebenslaster, Seelenzerstörer und generelle Triebkräfte am Werk, die euch bei unveränderter Situation allesamt in den Burnout treiben können! Jede einzelne rot-dominante Verbindung mag für sich alleine noch kein Fass zum Versiegen gebracht haben. Die Summe ist das, worauf ihr achten solltet. Und die ergibt sich nicht durch die bloße Addition. Die einzelnen Brennfaktoren potenzieren sich in ihrer Wirkung und das umso schneller, je mehr ihr davon um euch habt.

Wenn ihr euch retten wollt, müsst ihr sofort mit dem Umdenken und Handeln beginnen – und wiederum loslassen, was euch schadet!

Es gibt viele Möglichkeiten, etwas zu verändern. Die Möglichkeit, dass ich die Konsequenz tatsächlich nicht ertragen kann, ist nur eine. Die viel wahrscheinlichere Interpretation eures Widerstands ist, dass ihr im Festhalten geübter seid als im Loslassen. Denn Festhalten bedeutet für euch vielleicht Sicherheit und Kontrolle. Doch ich frage euch: Welche Sicherheit ist das bitteschön, die mir die Lust zum Leben nimmt und meinen Energiepegel immer weiter Richtung Fassboden bringt? Verliert ihr denn wirklich so viel mit dem Loslassen? Oder ist es nicht eigentlich ein Befreiungsschlag?

Anhand eures Lebens-Panoramas seht ihr jetzt ganz deutlich, wie eure Energiebilanz unter dem Strich aussieht. Wenn ihr mehr Energieräuber als Oasen in eurem Leben versammelt habt, dann räumt damit möglichst schnell auf. Und dann ergänzt es um neue, erquickliche Erfrischungsstätten!

Wir alle haben uns schon für Hobbys, Beschäftigungen oder Wohltaten interessiert, die anderen, dringlicheren Aufgaben weichen mussten. Weil die Zeit hinten und vorne nicht zu reichen scheint. Interessanterweise gibt es jede Menge ausgeglichene Zeitgenossen, die ein wirklich glückliches und freudvolles Leben im Einklang mit sich und ihren Lebensumständen hinkriegen. Und die wurden auch nicht als Millionäre in die Welt gesetzt. Das sind einfach Leute, die wissen, was ihnen wichtig ist und die sich die Zeit dafür „stehlen", Dinge zu tun, die ihnen den Spaß am Leben erhalten.

Unser Leben ist bipolar. Nach dem Tag kommt die Nacht, wo Berge sind, gibt es auch Täler und nach dem Sommer kommen irgendwann Herbst und Winter. Es geht nicht anders: Wo Anstrengung ist, muss es auch Erholung geben! Das ist einfach ein Naturgesetz und dem entgeht niemand. Wenn ihr diese Gesetzmäßigkeit für euch ignoriert, werden Körper oder/und Seele über kurz oder lang rebellieren. Und so bekommt dann schließlich auch jeder letztlich die Erholungspause zwangsverordnet, die er braucht.

Aber so weit muss man es ja nicht unbedingt kommen lassen. Wir sind eigenverantwortliche Individuen, die, wenn auch eventuell materiell schwach besaitet, bestens ausgestattet mit inneren Ressourcen und zumindest in der westlichen Welt reich an Entscheidungsfreiheit geboren worden sind. Daraus sollte sich doch etwas machen lassen, bevor man völlig zum Hamster im Rad mutiert. Unterbrecht das Rennen und gönnt euch Gutes: Ruhe nach Anstrengung, Lust nach Frust und Lieblingsbeschäftigungen nach leidigen Pflichten. Am besten sofort:

Macht euch eine Liste und brainstormt, was euch so richtig gut taugen würde in eurem Leben. Das können auch kleine Dinge sein. Mehr Spaziergänge, Lesestunden, Saunabesuche, kulinarische Events mit Freunden, Muse zum Malen, Spiele mit den Kindern, Tanz- oder Theaterkurse, Kino-, Konzert- oder Theaterabende – ihr habt die freie Auswahl aus dem, was euer Herz begehrt! Die größeren Events – Wanderwochenenden, Snowboardkurse, Trekkingtouren, Fernreisen – dürft ihr trotzdem planen. Wichtig ist nur, dass ihr sofort beginnt, etwas Neues in euer Leben aufzunehmen. Die einzige Einschränkung ist lediglich: Das Neue muss euch 100 % Energie spenden und sich ab sofort initiieren lassen!

Glaubt mir, das geht. Ihr könnt gleich anfangen, im Internet zu surfen und euch zu informieren. Oder das Telefon in die Hand zu nehmen und Freunde zu kontaktieren. Oder einen Termin mit euch selbst ausmachen: Den tragt ihr euch dann neben allen anderen Terminen in euren Timer ein – und haltet euch daran. Dieser neue Termin ist euer Termin, die Zeit soll nur euch gehören. Sie ist nicht schlechter oder unwesentlicher als die Pflichten. Folglich hat sie die gleiche Beachtung (kommt von „Achtung“) verdient wie alles andere in eurem Leben. Nur ist sie eben 100 % gut für euch, weil energievoll und selbst-bewusst gewählt. Viel Vergnügen!

Strategie 10:
Sensitiv spinnen: Entwickelt eure Vision!

An der Übung zur Energiebilanz war wiederum ersichtlich: Wer mit Brennfaktoren aufräumt, diese also loslässt, entrümpelt seinen Lebensradius und schafft Raum für neue Tankstellen. Die haben dann genau den Platz, den sie verdienen. Weil ihr es verdient! Oder kennt ihr jemanden, der es nicht verdient hätte, glücklich und gesund zu sein?

Jetzt, da ihr den Blick für euer alltägliches Sein schon geschärft und vielleicht die ein oder andere Entscheidung getroffen habt, was ihr loslassen und verabschieden wollt, möchte ich noch einen Schritt weiter gehen. Auch in diesem Schritt soll euer kreatives Potenzial nützlich sein. Ihr braucht euch dafür natürlich nicht anzustrengen und großartig ins Zeug zu legen. Nein. Ihr dürft einfach träumen! Und zwar so:

Übung: Zauberhafte Wirklichkeit

Stellt euch einmal folgendes Szenario vor und lasst euch richtig darauf ein: Ihr geht heute Abend zu Bett wie jeden Abend. Ihr bereitet euch auf eure Schlafenszeit vor wie immer. Putzt Zähne, legt euch hin, lest noch ein wenig oder was sonst ihr normalerweise zu tun pflegt. Dann macht ihr die Augen zu und schlaft tief und fest.

Am nächsten Morgen ist alles anders. Euer Traumtag ist angebrochen! Und ihr könnt ihn selbst gestalten, wie ihr es schon immer gerne haben wolltet. Was darin vorkommen sollte, sind die Lebensbereiche, die wir schon im letzten Kapitel benannt haben. Denn euer Traumtag ist keine reine Illusion. Sondern eine realistische Alternative dazu, wie euer Alltag a u c h aussehen könnte.

Beginnt mit dem Aufwachen. Und jetzt legt los, führt fantasievoll Regie und beschreibt den Tag eurer Träume:

Meine Traumtag-Geschichte handelte damals von einem eigenen Haus, umgeben von Pferden, in ländlicher Ruhe, mitten im Grünen. Ich stand früh auf, machte mir einen Kaffee und blickte dann und wann von der Zeitung auf die Wiesen und die grasenden Pferde. Mein Frühstück bestand aus frischen Früchten mit Joghurt. Etwas später ging ich mit meinem Hund spazieren und schmiedete Pläne für meinen Roman. Danach setzte ich mich gemütlich an meinen Glastisch im Wohnzimmer und schrieb am Laptop weiter an meinem Buch. Es herrschte völlige Ruhe. Nur das Zwitschern der Vögel war zu hören. Gegen Mittag traf ich mich mit einer Freundin beim Lieblingsitaliener und wir plauderten fröhlich über dies und das. Wieder zuhause angekommen, gönnte ich mir einen kleinen Mittagsschlaf in der Sonne auf der Terrasse. Danach machte ich mich erfrischt wieder ans Werk und schrieb an meinem Romanmanuskript. Gegen Abend besuchte mich mein Traummann…und weitere Details aus meinem damaligen Traumtag verrate ich euch nicht.

Fakt ist: Ich bin schon nahe dran. Ich wohne im Grünen, es ist absolut idyllisch hier und die Pferde grasen zirka zehn Meter von meinen Fenstern und von meinem Balkon mit unverbautem Blick auf Wiesen und Wälder entfernt. Ich arbeite, wo es mir beliebt und schreibe an diesem Buch. Es ist zwar kein Roman und das Haus, in dem ich wohne, gehört nicht mir. Dafür hat sich mein Traummann vor drei Jahren eingefunden. Und mein Leben seit dem Burnout hat sich komplett verändert. Inklusive Beruf. Zum Guten, versteht sich.

Was ich damit sagen will: Nehmt eure Visionen, Träume und Wünsche ernst und seht, was sich daraus machen lässt! Sie sind Handlung anleitend und Weg weisend!

Als ich damals meinen Traumtag notierte – es war vor einem Seminar für „Glückssucher“, das ich hielt und in dem ich diese Intervention einbauen wollte – wohnte ich in einer kleinen Altbauwohnung inmitten der staubigen Nürnberger Südstadt. Ich war immer auf dem Sprung. Abrufbereit für alles und jeden und ständig auf Achse. Ich lief Tag und Nacht auf Hochtouren und die Natur kannte ich nur noch vom Blick in den karg begrünten Innenhof. Oasenlos scheinglücklich, könnte man sagen. Was mir seinerzeit allerdings noch weniger bewusst war. Denn ich hielt ja durch und funktionierte verlässlich. Nur meine chronische Leb- und Lustlosigkeit, zu der sich immer häufiger die aus meiner universellen Unzufriedenheit resultierende Sinnfrage gesellte, jagte mir Angst ein. Ich hatte weder eine Ahnung, was ich verändern könnte, noch wohin ich stattdessen aufbrechen sollte. Ich verdiente richtig viel Geld. Das war ein unschlagbares Argument in all meinen misslichen Lebenslagen. Diesen Kunden loslassen? Kannst du nicht, reißt ein zu großes Loch in die monatliche Finanzdecke! Jenem Kunden die Meinung sagen? Geht nicht, vielleicht geht er dann ja – reißt ein zu großes Loch in die monatliche Finanzdecke! Jenes Projekt abblocken, weil zu knapp terminiert? Keine Chance, das nimmt dir der Kunde dann übel und du bist doch schließlich Dienstleister – würde ein zu großes Loch in die monatliche Finanzdecke reißen.

Na prima. Die Hände waren mir also in jeder Hinsicht gebunden. Und alles, was ich mir zusätzlich in mein Leben einlud, wovon ich mir mehr Sinnhaftigkeit versprach – psychologische Fortbildungen oder Seminare – verursachte logischerweise noch mehr Stress, weil ich eben nichts loslassen wollte und das verfügbare Zeitbudget immer knapper wurde.

Gewissermaßen hat mir der Burnout das Leben gerettet. Klingt pathetisch, ist aber so. Von heute auf morgen konnte ich quasi gar nichts mehr aus- und durchhalten. Entsprechend groß war dann auch das Loch in meiner monatlichen Finanzdecke, ohne dass ich etwas willentlich dafür oder dagegen hätte tun können. Zu diesem Zeitpunkt war es für weise gewählte, bewusst getroffene Lebensentscheidungen einfach zu spät. Ich musste mit den finanziellen Konsequenzen leben, ob ich wollte oder nicht.

Ich möchte vermeiden, dass euch dies geschieht.
Reagiert bitte lieber früher als später!

Als ich die Situation akzeptiert hatte und mir die mir von Körper und Seele aufgezwungene Pause von meinem inneren Team aus Sicherheitshüter, Zweifler und Skeptiker bewilligt bekam (die hatten keine Chance mehr), ging das Leben richtig los. Wenn auch erst nach einer Weile. Ist man erst richtig tief gefallen, lernt man schließlich, dass die größten Befürchtungen bodenlos sind und sich höchstwahrscheinlich gar nicht bewahrheiten. Ich lebe auch heute nicht unter der Brücke, nein. Aber irgendwie war ich doch „ganz unten" angelangt. Auf meinem Fassboden nämlich.

Genau dieses „ganz unten Sein" hat mich mutig gemacht. Mutiger als je zuvor! Ich muss ehrlich dazu sagen, dass ich mich von meinen Ersparnissen eine Zeit lang tragen konnte, ohne in wirklich berechtigte Panik verfallen zu müssen (in die ich aber auch unberechtigt zeitweise gefallen bin, weil ich einfach Angst hatte, nicht mehr zu Potte zu kommen – gesundheitlich. Außerdem glaubte ich eine ganze Weile nicht mehr an mich, was noch viel schlimmer war). Jedenfalls ist dieses Gefühl, am Boden des Fasses und ohne finanziellen Zufluss angekommen zu sein, unter dem Strich ziemlich bereichernd gewesen.

Wenn nach Monaten ein Textauftrag ins Haus flatterte (ich hatte kaum mehr Kunden, weil ich oder sie loslassen mussten), der wenig Geld für viel Aufwand versprach, traute ich mich plötzlich, abzulehnen. Ich war mir darüber bewusst geworden, dass erstens kein Hahn mehr nach mir krähte (selbst die Hähne, die ich lange und partnerschaftlich und gewissenhaft und sorgfältig und pflichtbewusst betextet hatte, krähten nicht mehr), sprich: dass ich wie jeder durchaus ersetzbar war, was ich lange nicht wahrhaben wollte. Und dass ich zweitens von 500 schwer verdienten Euros mehr oder weniger im Monat weder leben konnte, noch sterben würde.

Und das macht dann eben mutig und ehrlich zugleich. Endlich konnte ich mich ganz offen fragen: Willst du diesen Job wirklich machen? Hast du Lust dazu? Lohnt der Aufwand? Kommen Folgeprojekte oder sind das nur vage Versprechungen? Wie die Antwort oftmals ausfiel, könnt ihr euch bestimmt denken.

Nun, es hat mich nicht umgebracht, ehrlich zu sein. Ich bleibe dabei. Es ist der einzige Weg, den ich gehen will und kann. Nur dann bin ich authentisch, wie ich heute bin. Jedes andere, von meinem inneren Sicherheitshüter und seinen kritischen Kumpanen motivierte Bestreben wird mich dahin bringen, wo ich hergekommen bin. Das spüre ich intuitiv mit größter Gewissheit. Deshalb lasse ich jeden Zweifel los, der sich aufbäumt. Und aus genau diesem Grunde übe ich mich alltäglich in Zuversicht, dass sich die Dinge schon zu meinen Gunsten fügen, wenn ich nur auf meinem Weg und somit mir selbst treu bleibe.

Vieles hat sich bereits gefügt. Und anderes musste für mich genau so kommen. Schön oder unschön damals. Heute sehe ich, dass ich genau diese Wegweiser und Weichenstellungen gebraucht habe, um mein Leben neu einzurichten. Ich wollte eben im Tiefsten meines Inneren kein gestresster Texter mehr sein, der Familie und Freunde nur noch abwimmelte und sich tagtäglich ausschließlich mit Projekten und Konzepten befasste, die letztlich lediglich Werbung waren. Ich hatte den Sinn der Sache mit dem Spaß daran verloren.

Ein Freund von mir, wir haben zusammen studiert, ist Meister im Loslassen und ehrlich-zu-sich-sein. Er hatte einige gute und ertragreiche Jobs in einigen weniger soliden Unternehmen und somit vermeintlich Pech nach dem Studium. Rund zwei Jahre war er arbeitslos. Aber niemals unglücklich. Er war voller Zuversicht unterwegs, wissend, was er von seinem zukünftigen beruflichen Wirkungsbereich erwartete. In der Wartezeit hielt er alte und knüpfte neue Kontakte oder verbrachte gemütliche Stunden mit seiner Gitarre, guten Büchern und netten Leuten. Ich bewunderte ihn für seine Haltung. Und ich bewundere ihn noch heute. Denn ihm kann im Leben definitiv nichts passieren. Er glaubt an sich, hat immer – und ungeachtet der äußeren Umstände – an sich geglaubt und heute wieder einen Job, der ihm Spaß macht, Wertschätzung einbringt und darüber hinaus reichlich Geld zum Leben.

Das meine ich mit Fügung. Wenn ihr wisst, was euch wirklich bewegt, was ihr im Inneren wahrhaftig braucht und welche „Accessoires" ihr in eurem Leben unbedingt haben wollt, dann gestaltet euch eure individuelle Vision und malt sie auch so richtig plastisch aus. Das kann kommen, wenn ihr es wollt. Und es geschieht überall auf der Welt jeden Tag. Seht euch um!

Strategie 11:
Leben lenken: Aufbruch mit BISS

Wenn man eine für den Burnout prädestinierte, fleißige, ehrgeizige und mit hohen persönlichen Werten und Idealen bestückte Person ist, die im Laufe der Zeit merkt, dass der Energiepegel abnimmt, kommt man um eine Veränderung nicht herum. Falls ihr euch immer noch mit der Frage plagt, warum ihr dies oder jenes früher mit Leichtigkeit wegstecken konntet und nun nicht mehr hinzunehmen in der Lage seid, sei euch noch einmal gesagt:

Es sind die äußeren Umstände, die sich allmählich ändern. Und wir sind es selbst, die nicht beim Alten bleiben. Beides geschieht aus dem gleichen Grund:

weil das Leben eben lebhaft ist. Die meisten von uns entwickeln sich permanent weiter. Ich bin überzeugt davon, dass sich jeder Leser dieses Buches zu dieser Gruppe der „Entwickler“ zählen kann, sonst hätte er den spezifischen Lesestoff nicht gewählt. Menschen, die sich im Gleich- und Mittelmaß bewegen und damit glücklich sind, machen sich nicht auf die Suche nach neuen Impulsen und Ratgebern. Brauchen sie ja auch nicht.

Für mich war es unsagbar schwierig zu kapieren und zu akzeptieren, dass ich selbst mich geändert hatte. Das Erkennen, dass mich meine texterischen Begleitumstände zunehmend aufrieben, obwohl sie mir früher problemlos erschienen, trieb mich an den Rand der Verzweiflung. Ich hatte wirklich größte Zweifel. Manchmal an mir und, weil ich zeitweilig eine weniger beschwerliche Erklärung suchte, manchmal auch an den Menschen, die mich umgaben. Gerne schiebt man die eigene missliche Lage ja auf das äußere Umfeld. Aber das bringt wenig, weil nicht weiter. Es geht um die realistische Betrachtung des „Ich“, so wie es früher war und heute ist. Dazwischen liegt eine Diskrepanz von oft vielen Jahren und gehörigem Ausmaß. Wie habt ihr euch verändert in den letzten, na sagen wir einmal fünf bis zehn Jahren? Was würdet ihr heute anders machen, was völlig von euch weisen von dem, was ihr damals in eurem Leben geduldet habt oder vielleicht sogar unbedingt wolltet?

Oder auch: Wie sieht euer Fass heute aus und wie sah es vor einigen Jahren aus, als es euch noch merklich besser ging? Wie viel Energie war im Fass und welche Tankstellen hattet ihr damals? Gab es schon solch umfassend brenzlige Energieabflüsse in eurem Leben? Und wie sah es mit dem Fass-ungsvermögen insgesamt aus, als ihr vielleicht einfach noch jünger und fideler wart?

Die äußeren Umstände spiegeln gewissermaßen auch den innerseelischen (Entwicklungs-)Prozess wider. Wenn ich mich wohl fühle und ausgeglichen bei der Arbeit bin, werde ich das genauso zu spüren bekommen (z. B. durch angenehme Kollegen, Aufgaben und Wertschätzung) und erleben. Wenn ich an mir zweifle und mit meinem Job hadere, bekomme ich das genauso reflektiert. Was wir unterbewusst schon lange wissen, unmerklich senden und somit ausstrahlen, bekommen wir eins zu eins zurück. Die Quintessenz kennt ihr schon. Es passt etwas nicht mehr und will verändert werden. Das ist das Resonanzprinzip. Wie ich in den Wald schalle, so schallt es eben unvermeidlich zurück.

Wir alle dürfen uns ändern und tun das unweigerlich am laufenden Band. Auch das ist quasi eine natürliche Gesetzmäßigkeit. Zudem ist es unser gutes Recht. Wichtig ist nur, wie wir damit umgehen und was wir daraus machen. Wenn wir uns widerwillig zwingen, alles wie gehabt zu belassen, halten wir an Umständen fest, die eindeutig von gestern sind. Das gehört und passt dann aber nicht mehr ins Hier und Jetzt. Außerdem nehmen wir einen Kampf mit uns selber auf, den wir nur verlieren können. Kampf kann höchstens kurzfristig hilfreich sein. Beispielsweise, wenn es darauf ankommt, eine außergewöhnliche Herausforderung zu bestehen oder eine stressige Ausnahmesituation hinzukriegen. Auf die Dauer kostet Kampf Energie ohne Ende. Das ist reine Physik: wenn wir uns mit ganzer Kraft gegen einen Baum lehnen, drückt der Baum mit gleicher Wucht auf uns. Und irgendwann streikt irgendetwas in uns. Unser Körper oder unser Geist. Ehrgeiz weicht der Ermüdung, Belastbarkeit der Bemühung und Altruismus der Abwehr. Oder, oder, oder. Es gibt viele Varianten dessen, wie unser kybernetisches System auf die mangelnde Würdigung unseres Entwicklungsprozesses reagiert.

Deshalb möchte ich euch in diesem letzten Kapitel noch eines mit auf den Weg geben:

» **B** egierde
» **I** ntuition
» **S** elbstbewusstsein
» **S** paß

Wenn ihr euch aufmacht, euer Leben zu sichten, zu sortieren, zu entrümpeln und neu zu gestalten, dann braucht ihr **BISS.** Klingt beharrlich? Ist es auch, verspricht aber Freude. Das Leben zu verändern kann nur Laune machen, weil wir damit endlich Verantwortung für uns selbst übernehmen und unsere Geschicke wieder selbst lenken, statt uns von Umständen, die uns auffressen, Richtung Fassboden manövrieren zu lassen. Beißt einfach zurück, in eurem Sinne!

So geht ihr richtig zur Sache:

Ihr habt euer Leben gesichtet und nun eine Idee, an welchen Ecken und Kanten ihr schleifen, sägen oder noch viel besser: loslassen wollt. Um die Richtung euerer Neuorientierung zu bestimmen, geht ihr wie folgt vor:

1. Begierde: Was reizt euch?

Schaut in euch hinein und blickt euch um! Was berührt, inspiriert und belebt euch? Gibt es Menschen in eurem näheren oder weiteren Umfeld, vielleicht auch Promis (Schauspieler, Autoren, Unternehmer, Politiker), die einen Weg gewählt haben, der euch nahe kommt? Oder die eine Eigenschaft haben, die ihr bewundert? Leute, die an sich glauben und ihr Leben gestalten, wie es ihnen gefällt – auch wenn es unkonventionell ist?

Setzt euren Geist ein und lasst euch leiten von eurer eigenen Begierde! Und glaubt an euch. Wenn ihr wieder „in der Spur seid" – das heißt: die jetzige Fasskapazität, die aus eurem Entwicklungsprozess resultiert, mit den äußeren Umständen in Einklang gebracht habt – kann das Ganze richtig spannend werden. Vorfreude wird euch beseelen und euer Handeln federleicht gestalten! Es ist nie zu spät für einen neuen Anfang. Aber es ist, so lange ihr am Leben und im Vollbesitz eurer Kreativität seid, stets zu früh aufzugeben!

2. Intuition: Was zieht euch an?

Wenn ihr eine begeisternde Idee oder eine grobe Richtung zur Neuorientierung gefunden habt, lasst sie reifen und gedeihen. Sammelt Informationen, falls ihr wollt. Kauft euch Bücher, sofern euch danach ist. Und geht hinaus ins Leben mit offenen Augen! Es gibt alltäglich viele Zeichen, die wir aber nur sehen können, wenn wir schon auf das Finden gepolt sind. Das ist nichts anderes als selektive Wahrnehmung. Vielleicht begegnet euch das nächste Zeichen schon in der morgigen Tageszeitung oder in einer Zeitschrift, die ihr an der Tankstelle zu-fällig im Regal ortet. Artikel zum Thema? Ein Seminar?

Ein Vortrag? Eine Messe? Mich zieht es manchmal zu irgendeiner Veranstaltung und ich weiß nicht genau, warum. Dann folge ich meiner Intuition und lasse sie machen. Meist ist es dann eine neue Sichtweise, die mich erwartet. Oder ein Mensch, der etwas Interessantes mit mir teilt. Oder einfach nur ein Satz des Vortragenden, der mich nachdenklich stimmt.

Wenn ich das Gefühl habe, dass es beim mir „hakt", gehe ich gerne in meinem Lieblings-Buchladen und stöbere ein wenig. Oft fällt mir dann ein Buch zu, das mich in der Sache voranbringt. Die Impulse liegen tatsächlich auf der Straße. Deshalb fahrt vorsichtig und seid achtsam, statt mit Vollgas nach vorne zu preschen. Das ist ein Muster, das ihr kennt. Immer schneller, heiter, weiter. Doch dieses Muster hat ausgedient. Wenn ich an ein Sprichwort glaube, dann ist es dieses: In der Ruhe liegt die Kraft. Und um nach kleinen Wundern zu suchen, muss man wahrlich nicht nach Lourdes oder auf dem Jakobsweg pilgern. Wenn ihr ganz in eurer Mitte und bei euch seid und bleibt, ereilen euch wundersame Begegnungen immer öfter. Weil ihr sendet, was ihr braucht.

3. Selbstbewusstsein: Was wollt ihr wirklich – jetzt sofort?

Apropos: was ihr braucht. Hier geht es um euer Selbstbewusstsein. Bewusstsein. Bewusstes Sein. Mit allem, was dazu gehört. Schließlich seid ihr kein Fels in der Brandung, der einfach nur da ist, wo er schon Jahrtausende lang stand und aushält, was immer die Flut auf ihm ablädt. Während ihr auf eure Chancen wartet und euren Umorientierungswunsch im Herzen tragt, könnt ihr euch sicher sein, dass sich in der euch derzeit umgebenden Situation einiges tun wird. Denn mit dem innigen Wissen, dass ihr zu neuen Ufern aufzubrechen im Stande seid und dem Gefühl, dass der Start nur eine Frage der Zeit sein wird, werdet ihr auf euere Umwelt auch anders wirken. Und das ist prima! Mal sehen, was ihr daraus machen könnt. Die Sicherheit, die ihr aus euren Plänen bezieht, stärkt ganz automatisch auch euer Standing im Hier und Jetzt. Womöglich ändern sich ja die Rahmenbedingungen mit der Bekenntnis zu eurer wahren Identität im Heute? Das kann nämlich auch sein. Wer sich seiner selbst bewusst ist und bleibt, traut sich zugleich mehr zu. Mehr Grenzen zu setzen, mehr aufzubegehren, mehr Bedürfnisse zu kommunizieren und mehr zu delegieren. Je bewusster ihr euch seid, desto interpretationsfreier und selbstbestimmter wird eure Kommunikation. Und die Umwelt hat somit die Möglichkeit, entsprechend deutlich auf euch zu reagieren. Wer sich über den Lauf des Lebens klar und mit sich im Reinen ist (auch, wenn er auf die eigentliche Optimierung seiner Umstände noch warten muss), der wird insgesamt klarer erscheinen. Und klar zur Sprache bringen, was ihm ge- und missfällt. Also gebt eurer Umwelt möglichst bald die Chance, auf euch zu reagieren. Vielleicht ist das, was sich jetzt wandelt, ja genau das, was ihr braucht? Wäre einen Versuch wert! Schließlich fokussiert ihr nicht mehr auf die Mangelerscheinungen, somit bekommt ihr auch nicht mehr den Mangel gespiegelt. Ihr visiert eure innere Freiheit an und erhaltet (früher oder später, aber 100 %-ig irgendwann) die Freiheit, die ihr zum weiter Wachsen, Gedeihen und glücklich Werden braucht.

4. Spaß: Bleibt locker und gelassen!

Das Hier und Heute ist einfach ein Faktum. Das Resultat eurer Vergangenheit und das gefühlte Spiegelbild eures Entwicklungsprozesses. Seht es auch als solches und gestaltet dafür ab sofort euer Leben wieder in Eigenregie. Wenn ihr euere Zuversicht aufpoliert und euch vergegenwärtigt habt, was ihr schon alles geleistet habt und noch immer für euch erreichen könnt, dann kann es doch nur besser werden. Macht euch einen Spaß daraus, das Neue zu erwarten! Reichert euer Leben ab jetzt mit neuen, behaglichen Tankstellen an – mit Menschen und Beschäftigungen, die euch Beschwingtheit bescheren. Ruht euch aus nach Anstrengung und gönnt euch jede Menge Gutes! Gutes Essen, gute Gespräche, gute Filme und Bücher, Shoppingtouren, Spaziergänge, Saunagänge, Wellnesswochenenden und alles andere, wonach euch ist. Euere innere Stärke kommt mit jedem genüsslichen Intermezzo im Alltag ein Stück weit zu euch zurück. Euer Fass wird wieder voller, euer Energiepegel steigt. Wenn ihr dann noch geflissentlich ein Auge auf Energieräuber habt und euch fortwährend im Loslassen und Lockerbleiben übt, kann euch nichts mehr passieren. Dann macht euch das Leben bald wieder richtig Spaß. Nicht, weil sich die Umstände rein zufällig in die Richtung entwickelt haben, auf die ihr schon viel zu lange gehofft habt. Sondern, weil ihr die Umstände und eure Reaktionsweisen ändert wie es auch gefällt und gut tut. Darauf könnt ihr richtig stolz sein!

Und schließlich: Happy End?

Der Burnout, der mich vor rund drei Jahren so fundamental aus meiner bisherigen Lebensbahn geworfen hat, ist heute ein Bestandteil meiner Berufung. Ich arbeite mit Menschen und erfülle mein Leben mit einer für mich sinnvollen Aufgabe. Als Coach und Trainerin ist es mir ein inniges Anliegen, Menschen vor dem Schlimmsten – dem Burnout und seinen Folgen, dazu gehören Suchtthemen, Depression und chronische somatische Beschwerden – zu bewahren und mit wohltuenden Bewältigungsstrategien zu unterstützen.

Da ich auf vielen Vorträgen präsent bin, fallen mir immer wieder Ansprechpartner und Informationen zu, die mir die Brisanz des Burnout-Syndroms und seine enorme Tragweite verdeutlichen.

Ein regional tätiger Betriebsarzt, mit dem ich vor einigen Tagen ein Gespräch führte, erzählte mir, dass ihm in seiner alltäglichen Praxis immer häufiger Arbeitnehmer begegnen, die sich schnurstracks Richtung Burnout bewegen. Der beherzte Mediziner setzt sich fortwährend als Vermittler zwischen Patient und Management ein und gibt Impulse nicht nur in Form von individueller Prophylaxe und Aufklärung, sondern auch indem er die Führungsverantwortlichen auf Arbeitsplatzfaktoren mit Brennwert hinweist.

Auch der Bundesverband der Betriebskrankenkassen (BKK) dokumentiert eine Verfünffachung der psychisch bedingten Krankheitsfehltage in den letzten 30 Jahren. Dabei sind die Fehltage an sich momentan auf dem Tiefststand seit der statistischen Erfassung. Ich wage die Interpretation in der Form, dass sich eine zunehmende „Pseudo-Gesundheit" breit macht – vielleicht bedingt durch die grassierende Angst vor Arbeitsplatzverlust: Arbeitnehmer erlauben sich heute nicht mehr, jedem „Zipperlein" nachzugeben und es sich zuhause gemütlich zu machen. Das geht letztlich zu Lasten der seelischen Gesundheit.

Und auf das Soll-Konto der Betriebe: Bei einem Unternehmen mit 500 Angestellten fehlen der Statistik zufolge ganze drei Leute ein komplettes Jahr aufgrund seelischer Erkrankungen, bei denen ein Grand die Depression bestreitet. Und die, wie ihr nun wisst, kann am Ende des Burnout-Prozesses in Erscheinung treten. Rund sechs Millionen Menschen in der Bundesrepublik leiden an Depressionen! Dabei ist die Dunkelziffer nicht berücksichtigt. Schließlich outet sich nicht jeder und auf den Krankmeldungen steht nicht unbedingt das Wort „Unterdrückung".

Seelische Not ist immer noch ein gesellschaftliches Tabu, das sogar vor den Ärzten gerne verschwiegen und durch vordergründige somatische Beschwerden verschleiert wird.

Allerdings gibt es allmählich auch einen Gegenbewegung: fortschrittlich orientierte Unternehmen erkennen den Zusammenhang zwischen Führungskultur und Burnout – und etablieren Gesundheitsmanager und Sozialberater, denen die Mitarbeiter ihr Vertrauen schenken dürfen. Dass die Angebote dieser innovativen Institutionen in den Betrieben noch nicht die Beachtung finden, die ihnen eigentlich gebührt, ist hoffentlich nur eine Frage der Zeit.

Am Ende ist jeder für sich selbst gefragt, einen eindeutigen Standpunkt zu seinem „Life-Management" einzunehmen und aktiv gefordert, sein System Körper-Psyche-Umwelt in Balance zu halten. Alle Möglichkeiten, die zur Bewältigung von Stress, Krisen, Mobbing & Co. angeboten werden, nützen wenig, wenn der Mensch selbst seine Vulnerabilität verleugnet. Deshalb: Fangt bei euch an und geht mit anderen Menschen, die euch Burnout-gefährdet erscheinen, offen, ehrlich und ambitioniert um. Riskiert lieber eine rüde Abfuhr als euer schlechtes Gewissen, wenn ihr wohl geahnt habt, was geschieht, aber untätig geblieben seid. Damit es letztlich für möglichst viele ein Happy End gibt.

Ich danke euch von Herzen!
Andrea Baumgartl im Dezember 2007

Glaubt an euch.

Lobt eure Fähigkeiten
und seid stolz auf das, was ihr leistet.
Die einzige Sicherheit im Leben
seid ihr selbst.

Dann glaubt auch die Welt an euch.

Und ihr könnt alles erreichen!